텔레마케팅관리사

[2차 실기]

기출동형모의고사

머리말

텔레마케팅관리사 2차 시험!
SD에듀가 마지막까지 함께합니다.

"텔레마케팅관리사 2차 시험은 어떻게 준비해야 하나요?"

수험생들에게 가장 많이 받는 질문입니다. 처음에는 이 질문이 잘 이해가 되지 않았습니다. 왜냐하면 1차 시험에 합격했다면 당연히 텔레마케팅관리사 공부를 했을 것이고, 그렇다면 시험 범위가 겹치는 2차 시험의 공부 방법을 모를 리가 없다고 생각했기 때문입니다. 그런데 수험생들과 대화를 하면서, 1차 시험은 객관식 문제가 자주 반복해서 출제되므로 수험생들이 기출문제만을 외우다시피 공부해서 합격하는 경우가 많다는 것을 알게 되었습니다. 단기간 공부로 1차 시험에 합격한 뒤에 2차 시험을 준비하려니 막막했던 것이지요. 실제로도 텔레마케팅관리사 1차 시험은 합격률이 높지만 2차 시험은 합격률이 매우 낮습니다.

1차 시험을 공부하면서 처음부터 끝까지 제대로 이론을 훑어본 적이 없는 수험생들은 2차 시험을 앞두고 덜컥 걱정이 될 것입니다. 2차 시험은 코앞으로 다가왔는데 시간은 촉박하고, 강의를 들어야 할지 이론서만 정독해야 할지 도무지 갈피를 잡을 수 없는 것이지요. 그런 수험생들에게 다음과 같은 공부법을 제시해 주곤 합니다.

첫째 ‖ 2차 시험만을 위한 〈텔레마케팅관리사 2차 실기 실무〉 도서를 구입해서 쭉 훑어본 뒤, 최근 회차부터 가급적 많은 기출문제를 반복해서 풀어 보라.

둘째 ‖ 첫째 과정이 어느 정도 끝났다 싶으면 〈텔레마케팅관리사 2차 실기 기출동형모의고사〉를 풀어 보며 시험에 대한 감을 잡아라.

100% 주관식으로 출제되는 2차 시험을 앞두고, 핵심이론과 기출문제의 반복 학습으로도 불안해하는 수험생들을 위해 준비한 책이 바로 〈텔레마케팅관리사 2차 실기 기출동형모의고사〉입니다. 시중에는 텔레마케팅관리사 2차 시험 대비를 위해 실제 시험처럼 풀어 볼 수 있는 모의고사 도서가 전무합니다. 이에 수험생들이 실제 시험과 동일한 유형의 문제를 풀어 보면서 시험에 대한 감을 잡는 것은 물론, 확실하게 합격할 수 있도록 질 좋은 문제만을 도서에 담았습니다.

이제 결승선에 다 왔습니다. SD에듀가 여러분의 합격을 위해 마지막까지 함께하겠습니다.

편저자 일동

텔레마케팅관리사 2차 시험! 무엇이든 물어 보세요!

Q 텔레마케팅관리사 2차 시험은 어려워서 떨어지는 사람이 많다고 들었어요. 저도 합격할 수 있을까요?

A 2차 시험은 전부 주관식(필답형)으로 출제되어 수험생들이 부담을 많이 느끼는 편입니다. 실제로도 텔레마케팅관리사 1차 시험은 평균 합격률이 85.8%인 반면 2차 시험은 평균 합격률이 36.4%로 차이가 크게 납니다. 2차 시험의 합격률이 낮긴 해도 SD에듀의 도서로 차근차근 공부한다면 합격은 그리 어렵지 않을 것입니다.

Q 2차 시험은 1차 시험과 많이 다른가요?

A 2차 시험의 범위는 1차 시험의 범위와 겹치므로 엄밀히 말하면 1차 시험과 2차 시험이 완전히 다른 것은 아닙니다. 그러나 객관식으로 묻느냐, 주관식으로 묻느냐의 차이가 있으므로 2차 시험을 준비할 때는 공부 방법이 달라져야 합니다.

Q 출제 기준이 바뀌었다는데 어떻게 바뀌었나요?

A NCS를 기반으로 주요 항목이 대거 변경되었습니다. 주요 항목은 13개로 나누어지며, 그 내용은 다음과 같습니다.

> 인 · 아웃바운드 판매 채널 운영관리, 통신판매 시스템 운용, 통신판매 고객관계관리, 통신판매 고객 상담, 영업 고객 불만관리, 고객 분석과 데이터관리, 고객 지원과 고객관리 실행, 고객 필요정보 제공, 통신판매 성과관리, 통신판매 조직운영관리, 통신판매 환경 분석, STP 전략 수립, 마케팅믹스 전략 수립

출제 기준이 변경되었으므로 기출문제로만 공부해서는 시험에서 좋은 성적을 거둘 수 없습니다. 바뀐 출제 기준을 중심으로 새로운 개념을 확실히 이해하고, 관련 문제를 풀어 보아 이론을 내 것으로 만들어야 합니다.

Q 기간을 얼마나 잡고 공부하면 좋을까요?

A 수험생마다 상황이 달라서 '최소한 얼마 동안 공부해야 합니다.'라고 단언하기는 어렵습니다. 학교 또는 직장을 다니면서 공부하는 분들도 계시고, 오직 공부에만 전념할 수 있는 분들도 계시기 때문입니다. 일반적으로 길게는 한 달, 짧게는 2주 정도 공부하는 경우가 많습니다.

Q 2차 시험은 어떻게 공부하면 될까요?

A 올해부터 출제 기준이 바뀌어 기존의 기출문제와 다르게 출제될 수 있으므로 2차 시험의 기본 개념을 바탕으로 공부하여 어떤 문제가 나오더라도 개념을 적용하여 풀 수 있도록 합니다. 또한 텔레마케팅관리사는 이론이 방대하여 내용을 무작정 처음부터 끝까지 모두 공부하는 것은 비효율적이므로 시험에 자주 나오는 핵심이론을 중심으로 공부하여 문제 풀이 시간을 최대한 확보하도록 합니다. 마지막에는 실제 시험과 유사한 문제가 수록된 모의고사 도서로 내 실력을 점검하고, 부족한 부분을 보완하는 것이 좋습니다.

시험 안내

개요

전문 지식을 바탕으로 컴퓨터를 결합한 정보통신기술을 활용하여 고객에게 필요한 정보를 즉시 제공하고, 신상품 소개, 고객의 고충사항 처리, 시장조사, 인바운드와 아웃바운드 등 다양한 기능을 수행하는 숙련된 기능 인력을 양성하기 위해 텔레마케팅관리사 자격 제도를 제정하였다.

취득 방법

구분	1차 시험	2차 시험
시험 과목	1. 고객관리 2. 시장환경조사 3. 마케팅관리 4. 조직운영 및 성과관리	비대면매체 고객관리 실무
검정 방법	객관식(CBT 방식)	주관식(필답형)
문항 수	과목당 25문항(총 100문항)	20~25문항
시험 시간	2시간 30분	2시간 30분
합격 기준	100점을 만점으로 하여 과목당 40점 이상, 전과목 평균 60점 이상	100점을 만점으로 하여 60점 이상

2차 시험 일정

구분	접수 기간	시험일
제1회	2023.03.28.~2023.03.31.	2023.04.23.
제2회	2023.06.27.~2023.06.30.	2023.07.22.
제3회	2023.09.04.~2023.09.07.	2023.10.07.

응시 자격

제한 없음

시행처

한국산업인력공단(www.q-net.or.kr)

※ 2023년부터 텔레마케팅관리사 출제 기준이 변경되었습니다. 한국산업인력공단 홈페이지에서 변경 내용을 확인하시기 바랍니다.
※ 시험 일정 및 세부 사항은 변경될 수 있습니다. 한국산업인력공단 홈페이지를 반드시 확인하시기 바랍니다.

시험 응시 유의사항

기본 유의사항

❶ 시험 시작 시간 이후에는 입실 및 응시가 불가합니다.

❷ 수험표 및 접수 내역을 사전에 확인하여 시험장 위치와 시험장 입실가능 시간을 숙지하시기 바랍니다.

❸ 시험 준비물 – 공단 인정 신분증, 수험표, 수정테이프, 흑색 볼펜류 필기구, 계산기(필요시)

※ 공학용 계산기는 일부 등급에서 제한된 모델로만 사용이 가능하므로 사전에 필히 확인하시기 바랍니다.

❹ 부정행위 관련 유의사항 – 시험 중 다음과 같은 행위를 하는 자는 국가기술자격법 제10조 제6항의 규정에 따라 당해 검정을 중지하거나 무효로 하고 3년간 국가기술자격법에 의한 검정을 받을 자격이 정지됩니다.

- 시험 중 다른 수험자와 시험과 관련된 대화를 하거나 답안지를 교환하는 행위
- 시험 중 다른 수험자의 답안지 또는 문제지를 엿보고 답안을 작성하거나 작품을 제작하는 행위
- 다른 수험자를 위하여 답안을 알려 주거나 엿보게 하는 행위
- 시험 중 시험 문제 내용과 관련된 물건을 휴대하여 사용하거나 이를 주고받는 행위
- 시험장 내외의 자로부터 도움을 받고 답안지를 작성하거나 작품을 제작하는 행위
- 다른 수험자와 성명 또는 수험번호를 바꾸어 제출하는 행위
- 대리시험을 치르거나 치르게 하는 행위
- 시험 시간 중 전자 · 통신기기를 사용하여 답안지를 작성하거나 다른 수험자를 위하여 답안을 송신하는 행위
- 그 밖에 부정 또는 불공정한 방법으로 시험을 치르는 행위

❺ 시험 시간 중 전자 · 통신기기를 비롯한 불허물품의 소지가 적발되는 경우 퇴실 조치되며, 당해 시험은 무효 처리됩니다.

2차 시험 유의사항

❶ 문제지를 받는 즉시 응시 종목의 문제가 맞는지 확인하십시오.

❷ 답안지 내 인적사항 및 답안 작성(계산식 포함)은 흑색 필기구만을 계속 사용해야 합니다.

❸ 답안 정정 시에는 두 줄(=)을 긋고 다시 기재할 수 있으며, 수정테이프 또한 사용 가능합니다.

❹ 계산 문제는 반드시 계산 과정란과 답란에 내용을 정확히 기재하여야 하며 계산 과정이 틀리거나 없는 경우 0점 처리됩니다. ※ 연습이 필요할 경우에는 연습란을 이용하여야 하며 연습란은 채점 대상이 아닙니다.

❺ 계산 문제는 최종결과 값(답)의 소수 셋째 자리에서 반올림하여 둘째 자리까지 구하여야 하나 개별 문제에서 소수 처리에 대한 별도의 요구사항이 있을 경우에는 그 요구사항에 따라야 합니다.

❻ 답에 단위가 없으면 오답으로 처리됩니다(단, 문제의 요구사항에 단위가 주어진 경우에는 생략되어도 무방합니다).

❼ 문제에서 요구한 가짓수 이상을 답란에 표기한 경우에는 답란 기재순으로 요구한 가짓수만 채점합니다.

※ 시험 응시 유의사항은 변경될 수 있습니다. 정확한 사항은 한국산업인력공단으로 문의하시기 바랍니다.

텔레마케팅관리사 2차 실기 기출동형모의고사

기출문제 공부 TIP

TIP 1 기출문제를 볼 때는 최근 기출문제부터 보세요.

2022년 제3회 기출문제 ➡ 2022년 제2회 기출문제 ➡ 2022년 제1회 기출문제 ➡ 2021년 제3회 기출문제 ➡ 2021년 제2회 기출문제 ➡ 2021년 제1회 기출문제 …… 이처럼 최근 기출문제부터 꼼꼼히 살펴보며 2차 시험의 기출 동향을 익히는 것이 중요합니다.

TIP 2 반복해서 출제되는 문제는 반드시 숙지하세요.

기출문제를 공부하다 보면 반복해서 출제되는 문제들이 있습니다. 이러한 문제는 다시 출제될 확률이 높으니 반드시 알아 두세요. 예를 들어 2022년 제1회에서 AIO의 각 글자가 무엇을 의미하는지 묻는 문제가 출제되었는데, 2022년 제3회에서도 AIO의 각 글자가 무엇을 의미하는지 묻는 문제가 출제되었습니다. 또한 2021년 제1회에서 CRM의 목적에 대해 묻는 문제가 출제되었는데, 2022년 제2회와 제3회에서도 CRM의 목적에 대해 묻는 문제가 출제되었습니다. 이렇게 반복해서 출제되는 문제나 이론을 잘 체크해 두면 시험에서 큰 도움이 될 것입니다.

TIP 3 모의고사 도서를 실제 시험처럼 푼 뒤, 해설을 보며 암기하세요.

기출문제에 대한 파악이 끝났다면 〈텔레마케팅관리사 2차 실기 기출동형모의고사〉의 문제를 차근히 풀어 본 후, 답안을 찾아 정리해 보세요. 도서의 답안에는 실제 시험에서 요구하는 답안의 가짓수보다 더 많은 답안을 수록하여, 학습을 통해 보다 많은 답안을 기억할 수 있도록 구성하였습니다. 또한 중요한 내용 또는 알고 있으면 학습에 도움이 될 내용들을 해설에 달아 참고할 수 있도록 하였습니다. 해설이 이해되지 않을 때에는 〈텔레마케팅관리사 2차 실기 실무〉를 통해 다시 한번 개념을 확인하세요. 예를 들어 제품의 수명주기 중 성장기의 특징과 전략을 두 가지씩 쓰는 문제가 있다면 책에서 성장기에 관한 내용을 찾아서 학습하는 것입니다. 실무 도서에서는 제품의 수명주기로 도입기, 성장기, 성숙기, 쇠퇴기를 제시하고 각각의 특징과 그 시기의 전략에 대해 설명하고 있습니다. 성장기의 특징과 전략뿐만 아니라 나머지 수명주기에 대한 내용도 확인하면서 공부 내용을 점점 넓혀 가는 것이 좋습니다.

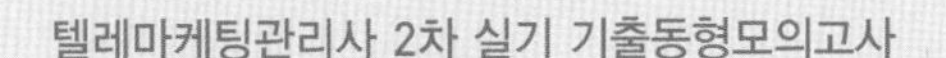

텔레마케팅관리사 2차 실기 기출동형모의고사

구성과 특징

PART 1 키워드로 2차 실기 단기공략

제 1 장 과목별 핵심키워드

※ 과목별로 중요한 키워드를 모았습니다. 학습을 마친 후 키워드 아래의 설명을 가리고 내가 제대로 알고 있는지 다시 한번 파악해 보세요. 제대로 알고 있다면 ☑ 표시하세요.

01 인·아웃바운드 판매 채널 운영관리

☐ 인바운드 마케팅

인바운드 텔레마케팅을 포함하여 고객이 필요에 의해 기업에 주도적으로 먼저 접근하도록 유도하는 마케팅이다.

☐ 인바운드 텔레마케팅의 활용

- 판매 분야: 홈쇼핑 및 카탈로그(주문 접수, 상품 문의), 금융(금융상품 상담 및 가입, 카드 발급 문의), 통신(통신사 신규 가입, 부가서비스 가입) 등
- 비판매 분야: 불만처리 접수, 배달사항 문의, 구매 상품 안내 등

PART 1

키워드로 2차 실기 단기공략

과목별 · 유형별로 꼭 알아야 할 키워드만 모았습니다. 핵심문제를 풀기 전에 키워드로 전체 내용을 빠르게 파악해 보세요.

PART 2 필답형 핵심문제

제 2 장 통신판매 시스템 운용

01 다음 설명이 뜻하는 용어는 무엇인지 쓰시오.

고객이 상담원과 통화를 못할 경우, 고객이 전화번호와 함께 시간을 예약해 놓으면 상담원이 그 시간에 전화를 걸어 고객의 업무를 처리하는 것을 말한다.

PART 2

필답형 핵심문제

과목별로 출제될 만한 중요한 내용을 300개의 핵심문제로 정리했습니다. 핵심문제를 풀어 보며 2차 실기를 완전 정복하세요.

PART 3 기출동형모의고사

제 2 회 모의고사

01 다음 설명이 뜻하는 용어를 쓰시오.

한 고객이 특정 기업의 상품이나 서비스를 최초 구매하는 시점부터 마지막으로 구매할 것이라고 예상되는 시점까지의 누적액의 평가를 뜻한다. 고객과의 장기적인 관계 구축을 통해 고객의 가치를 극대화하고, 수익성을 높일 수 있는 CRM과 가장 관계가 깊다.

PART 3

기출동형모의고사

기출문제와 동일한 유형의 문제를 풀어 보며 마지막으로 실력을 점검하세요. 틀린 문제나 헷갈리는 부분은 꼼꼼한 해설로 다시 한번 확인해 보세요.

목차

2022년 제3회 실기

텔레마케팅관리사 기출문제

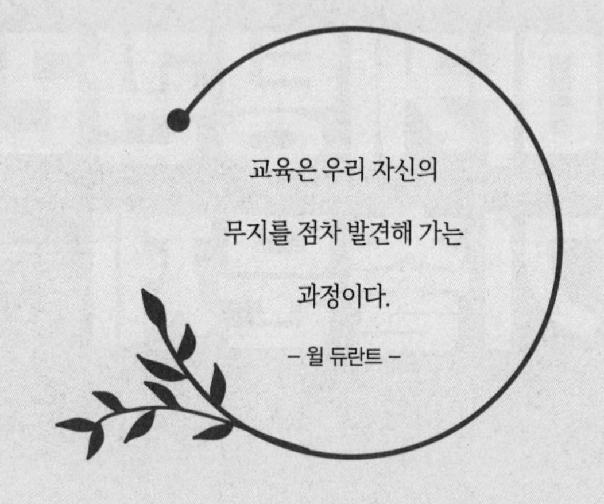
교육은 우리 자신의
무지를 점차 발견해 가는
과정이다.
– 윌 듀란트 –

제3회 기출문제

※ 실제 시험에 나왔던 기출문제들입니다. ★표로 표시한 문제는 변경된 출제기준에 해당하는 문제입니다. 그중 ★표가 두 개인 문제는 2회 이상 출제된 문제이므로 반드시 익히고 넘어가세요.

★
01 '판매원은 물건을 파는 것이 아니라, 혜택을 파는 것이다.'는 무엇에 대한 내용인가?

★
02 다음 내용을 읽고 관련 있는 유통경로 전략을 〈보기〉에서 골라 쓰시오.

중간상, 소매상이 자사 제품을 취급하도록 허용하여 취급점포의 수를 최대한으로 높이는 유통경로를 뜻하며, 이것의 이점으로는 충동구매의 증가, 상품에 대한 소비자 인식의 고취, 소비자의 편의성 제고 등을 들 수 있다.

〈보기〉
- 전속적 유통경로
- 집약적(개방적) 유통경로
- 선택적 유통경로

★

03 한계 고객에 대해 설명하시오.

04 콜센터 인력 산정 시 고려해야 하는 결손율(RSF)의 중점 요인을 세 가지 쓰시오.

★★

05 하나의 제품이나 서비스를 제공하는 과정에서 고객이 비슷한 상품군이나 서비스를 추가 구매하도록 유도하는 마케팅 기법은 무엇인지 쓰시오.

★

06 다음은 소비재에 대한 내용이다. 빈칸 A와 B에 들어갈 말은 무엇인지 쓰시오.

> 소비재는 소비 · 사용 기간을 중심으로 (A)와/과 (B)(으)로 분류한다. (A)은/는 소비 · 사용 기간이 짧으며 많은 편의품이 이에 해당한다. (B)은/는 소비 · 사용 기간이 길며 많은 선매품이 이에 해당한다.

★

07 다음 아웃바운드 스크립트의 여덟 가지 판매 단계 중 빈칸 A와 B에 들어갈 단계를 쓰시오.

> 도입 단계 → (A) → 해석 · 요약 단계 → 특징 · 혜택 제시 단계 → 접근 시도 단계 → (B) → 확신 보증 단계 → 연결 판매 단계

★

08 고객 데이터베이스를 활용한 아웃바운드 텔레마케팅의 순서를 쓰시오.

★

09 다음 설문지 작성 순서 중 빈칸 A와 B에 들어갈 알맞은 내용을 쓰시오.

> 개별 항목의 내용 결정 → (A) → 개별 문항의 완성 → 질문 순서의 결정 → 설문지의 외형 결정 → (B) → 설문지의 완성

10 의사소통(Communication)하려는 생각을 문자, 그림, 말로 상징화하는 과정을 무엇이라 하는가?

11 DM 30,000건을 발송하여 문의 건수가 800건, 주문 건수가 400건일 때 CRR을 계산하시오.

★★

12 다음은 CRM의 목적에 대한 내용이다. 빈칸 A~C에 들어갈 알맞은 말을 쓰시오.

> CRM은 (　A　) 고객 확보, (　B　) 고객 유지를 통한 고객의 수 증대 및 고객 (　C　) 방지를 통해 고객과의 관계 구축과 고객 가치 증진을 함으로써 매출 및 고객 충성도를 향상시키고, 고객 유지비용의 최적화를 통해 기업의 수익을 극대화하는 데에 목적이 있다.

★★

13 AIO의 요소를 쓰고 각 요소의 예를 두 가지씩 쓰시오. (단, 요소는 관심, 활동, 의견에서 골라서 쓸 것)

★

14 기존 고객 리스트에서 상품 판매 목적에 맞는 우량 고객만을 선별하는 작업을 무엇이라 하는지 쓰시오.

★

15 다음은 자료조사에 대한 내용이다. 빈칸 A와 B에 들어갈 알맞은 말을 쓰시오.

> 조사 연구의 유형에는 탐색조사, 기술조사, 인과관계조사가 있으며, 그중 (　A　)은/는 문제에 대한 이해를 돕고 공식적으로 조사할 필요가 있는 것이 무엇인지 제시하기 위한 조사이다. (　A　)의 종류 중 조사와 관련된 주제나 변수와 관련된 이전의 연구, 보고서, 관련 서적을 이용하는 조사는 (　B　)이다.

★

16 시장조사 단계를 계획, 실시, 분석 및 보고의 3단계로 나눌 때 '설문지 설계'는 어느 단계에 해당하는지 쓰시오.

★

17 콜센터에 통화 시도된 콜로 분류되며, 고객이 전화를 했으나 콜센터 교환기까지 도달되지 못한 콜의 비율을 의미하는 용어를 쓰시오.

★★

18 기업이 농구, 축구, 야구 등 종목별로 별개의 운동화를 판매하는 전략으로 각 시장 부문에서 더 많은 판매고와 확고한 위치를 차지하려는 전략은 어떤 마케팅 전략인지 〈보기〉에서 골라 쓰시오.

〈보기〉

- 비차별화 마케팅
- 차별화 마케팅
- 집중화 마케팅

★

19 다음은 어떤 유형의 고객에 대한 대응 자세인지 쓰시오.

- 고객이 만족할 수 있는 방법을 제시한다.
- 전문 기관을 알선한다.
- 개방형 질문을 한다.
- 충분히 배려한다.
- 보상받기를 원하는 것이 무엇인지 질문한다.
- 공감을 하면서 경청한다.
- 긍정하면서 상담원 측의 이야기를 한다.

20 유사한 측정 도구 또는 동일한 측정 도구를 사용하여 동일한 개념을 반복 측정하였을 때 일관성의 정도를 나타내는 것은 무엇인지 쓰시오.

21 다음 설문 형식에 대한 예시를 각각 쓰시오.

- 자유 응답형
- 다지선다형
- 양자택일형

22 CRM 유형 중 다음 설명에 해당하는 것을 〈보기〉에서 골라 쓰시오.

고객과 기업 간의 상호작용을 촉진시키기 위해 고안된 메일링, 전자 커뮤니티, 개인화된 인쇄 등이 있으며 파트너 네트워크의 구축, 고객과의 상호작용 관리, 고객과 비즈니스 조직 간의 지속적인 협업을 할 수 있는 채널 제휴 전략을 포함한다.

〈보기〉

- 운영적 CRM
- 분석적 CRM
- 협업적 CRM

23 다음은 콜센터의 성과분석에서 업무 점유율을 구하는 식이다. 빈칸에 들어갈 알맞은 내용을 쓰시오.

(상담시간+후처리시간)/{상담시간+후처리시간+(　　　)}

24 기업 마케팅 환경은 크게 두 가지로 나눌 수 있는데 (　A　)은/는 고객, 공급업자, 기업 내부, 경쟁사, 중간상을 포함하며 (　B　)은/는 정부, 기술, 경제, 인구, 사회문화를 포함한다. 빈칸 A와 B에 들어갈 말을 쓰시오.

25 중간상이 개입하면 거래의 총량이 감소하여 제조업자와 소비자 양자에게 실질적인 비용 감소를 제공할 수 있다. 즉, 중간상의 개입으로 제조업자와 소비자 사이의 거래가 보다 효율적으로 이루어지므로 중간상의 개입이 정당화될 수 있다는 논리이다. 이 논리가 해당하는 유통경로의 원칙은 무엇인지 쓰시오.

2 0 2 2

제3회 정답 및 해설

01

고객 만족(Customer satisfaction)

해설

판매원은 단순하게 제품만을 판매하는 것이 아니라 고객의 니즈를 파악하여 고객이 구매 시 얻을 수 있는 혜택을 설명하고 적절한 제품을 권유 · 추천하여 고객의 니즈를 충족시키며 나아가 고객 만족(CS; Customer Satisfaction)을 위해 노력해야 한다.

02

집약적(개방적) 유통경로

해설

- 전속적 유통경로: 일정한 상권 내에 제한된 수의 소매점으로 하여금 자사 상품만을 취급하게 하는 전략
- 집약적(개방적) 유통경로: 희망하는 소매점이면 누구나 자사의 상품을 취급할 수 있도록 하는 전략
- 선택적 유통경로: 집약적 유통경로와 전속적 유통경로의 중간 형태로 일정 지역 내에 일정 수준 이상의 이미지, 입지, 경영 능력을 갖춘 소매점을 선별하여 이들에게 자사 제품을 취급하도록 하는 전략

03

고객에게서 얻는 수익보다 기업이 지불하는 비용이 더 많이 드는 고객이다.

04

- 이직
- 결근
- 휴가
- 휴식
- 교육
- 회의

해설

'결손율'이란 목표 서비스 레벨과 응답시간을 얻기 위해 필요한 기본 인력 이상으로 일정 기간 동안 필요한 최소의 인력을 산출하는 지수이다. (예를 들어 어느 콜센터에 하루 500콜이 들어오고, 한 상담원당 100콜을 처리한다고 가정할 때 5명의 상담원이 필요하다. 그런데 갑자기 상담원 1명이 결근을 한다면 이런 상황을 고려해서 최소 예비 인원이 1명 정도 더 있어야 하는데, 이 비율을 계산한 결과가 결손율이다.) 결손율을 계산할 때 고려해야 하는 것으로는 '갑작스런 이직, 휴가, 휴식, 회의, 교육, 상담 외 잡무 시간' 등이 있다.

05

교차판매(Cross-selling)

06

- A: 비내구재
- B: 내구재

07

- A: 탐색 단계
- B: 접근 계약 단계

08

고객 데이터 수집 · 분석 → 통화 준비 및 통화 시도 → 고객과의 통화 → 관련 데이터 처리 → 종료 → 사후관리

09

- A: 질문 형태의 결정
- B: 설문지의 사전조사

10

부호화(코딩)

해설

코딩은 전산 처리를 통한 조사 항목별 분석 내용을 편리하게 처리하기 위하여 각 항목에 대한 응답을 숫자나 기호로 부여하는 과정이다.

11

4%

해설

CRR이란 콜 응답률로, (총 반응 수/총 발신 수)×100이므로, [(800+400)/30,000]×100=4%이다.

12
- A: 신규
- B: 기존
- C: 이탈

13
- A – 활동: 일, 취미, 쇼핑, 동호회
- I – 관심: 가족, 직업, 패션
- O – 의견: 정치, 문화, 브랜드, 자아

14
리스트 스크리닝

15
- A: 탐색조사
- B: 문헌조사

16
계획

17
불통률

18
차별화 마케팅

19
불만족한 고객

20
신뢰도

21
- 자유 응답형: 귀하의 취미는 무엇입니까?
- 다지선다형: 다음 중 귀하가 가장 선호하는 교통수단은 무엇입니까?
  – 자동차 – 지하철 – 택시 – 버스 – 자전거 – 기타
- 양자택일형: 귀하는 최근 3년 동안 국립박물관에 가 본 적이 있습니까?
  – 예 – 아니요

해설
- 자유 응답형: 응답의 형태에 제약을 가하지 않고 자유롭게 표현하도록 함으로써, 응답자의 가능한 의견을 모두 얻을 수 있다.
- 다지선다형: 응답 내용을 몇 가지로 제약하는 방법으로 응답의 항목들은 상호 배타적이고 모든 응답을 포괄할 수 있어야 한다.
- 양자택일형: 두 가지 중 하나를 선택하게 하는 극단적인 방법이다.

22
협업적 CRM

23
콜 대기시간

해설
- 업무 점유율(Occupancy rate): 상담사가 콜을 응대할 준비가 되어 있는 시간 중에서 실제로 고객과의 통화를 처리(후처리 포함)하는 데 투입된 시간의 비율
- 업무 점유율=(상담시간+후처리시간)/(상담시간+후처리시간+콜 대기시간)

24
- A: 기업 내부(미시적) 환경
- B: 기업 외부(거시적) 환경

25
총거래수 최소화의 원칙

PART 1

키워드로 2차 실기 단기공략

제1장 과목별 핵심키워드

제2장 유형별 핵심키워드

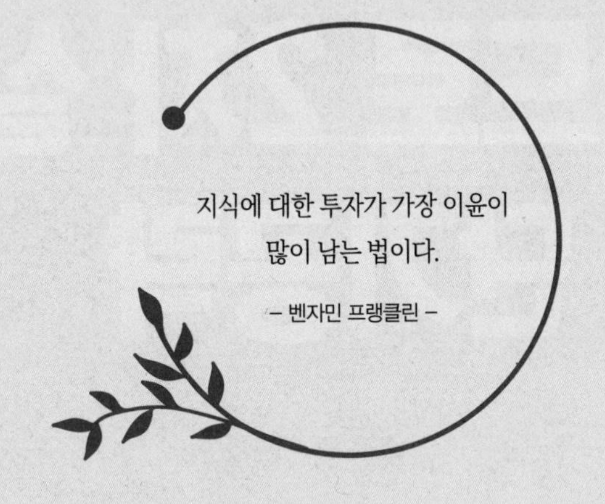
지식에 대한 투자가 가장 이윤이
많이 남는 법이다.
– 벤자민 프랭클린 –

제 1 장 과목별 핵심키워드

※ 과목별로 중요한 키워드를 모았습니다. 학습을 마친 후 키워드 아래의 설명을 가리고 내가 제대로 알고 있는지 다시 한번 파악해 보세요. 제대로 알고 있다면 ☑ 표시하세요.

01 인·아웃바운드 판매 채널 운영관리

□ 인바운드 마케팅

인바운드 텔레마케팅을 포함하여 고객이 필요에 의해 기업에 주도적으로 먼저 접근하도록 유도하는 마케팅이다.

□ 인바운드 텔레마케팅의 활용

- 판매 분야: 홈쇼핑 및 카탈로그(주문 접수, 상품 문의), 금융(금융상품 상담 및 가입, 카드 발급 문의), 통신(통신사 신규 가입, 부가서비스 가입) 등
- 비판매 분야: 불만처리 접수, 배달사항 문의, 구매 상품 안내 등

□ 지리적 변수

소비자를 지리적 구획으로 구분하는 방법이다. 지리적 차이에 따라 소비자 간에 사회적 · 문화적 · 언어적 차이가 발생할 수 있다.

예 국가, 지역, 도시, 인구밀도, 지형적 특징 등

□ 인구통계적 변수

소비자를 인구통계학적 기준으로 구분하는 것을 의미하며 가장 보편적으로 이용되는 방법이다.

예 연령, 성별, 가족 형태, 소득 수준, 직업 수준, 종교 등

□ 심리분석적 변수

소비자의 가치관과 개성에 따라 구분하는 방법이다. 비슷한 연령이나 소득 수준이라고 해도 각각의 가치관과 개성이 다르다.

예 라이프스타일, 개성, 가치관 등

☐ **행동분석적 변수**

소비자들의 행동을 분석하여 세분화하는 방법이다. 과거 경험이나 지식 등에 의해 소비자가 상품이나 서비스를 대하는 행동이 다를 수 있다.

예 사용빈도, 추구하는 혜택, 사용량 등

☐ **격상판매(Up-selling)**

고객이 어떤 상품 또는 서비스를 구매할 때 업그레이드된 상품 또는 서비스를 권유하여 매출액을 증대시키는 판매 방법이다.

☐ **교차판매(Cross-selling)**

고객이 어떤 상품 또는 서비스를 구매 시 또는 구매 후에 연관이 있는 상품을 추가로 구매하도록 유도하여 매출액을 증대시키는 판매 방법이다.

☐ **데이터마이닝**

축적된 고객 관련 데이터베이스에서 이전에 알려지지 않은 마케팅 활동에 활용될 수 있는 숨겨진 패턴이나 규칙을 발견하여 가능성 있는 정보를 도출해 내는 것이다.

☐ **고객 점유율**

한 고객이 하나의 업종에서 구매하는 총량 중 자사 상품을 구매하는 데 지출하는 금액에 대한 점유율을 의미한다. 다르게 표현하면 고객 지갑의 점유율 또는 지출 금액의 점유율이라고도 할 수 있다.

☐ **판별 분석법**

측정된 변수를 기준으로 두 개 이상의 집단 중 어느 집단에 속하는지를 판별하는 방법이다.

☐ **군집 분석법**

여러 대상들을 몇 개의 변수를 기준으로 서로 비슷한 것끼리 묶는 분석 방법이다.

☐ **리스트 클리닝(List cleaning)**

일정 기간 반응이 없는 고객리스트나 입수한 지 상당 기간이 지난 고객리스트의 데이터(주소, 이름, 전화번호 등의 고정 데이터와 변동 데이터)를 체계적으로 추리고 최신 데이터로 업데이트하는 것이다.

☐ **인바운드 스크립트**

고객으로부터 전화가 걸려 왔을 때 고객의 다양한 니즈를 순발력 있게 해결할 수 있도록 예상 질문과 답변을 미리 작성해 놓은 대화의 대본이다.

☐ 인바운드 스크립트 구성

도입부(첫인사 · 자기소개, 문의 내용 파악, 고객 확인), 상담부(고객 니즈 파악, 정보 제공 및 문제 해결), 종결부(동의와 확인, 종결)

☐ 아웃바운드 스크립트

고객과 접촉 이전에 전화의 목적과 전달할 내용을 명확히 전달하기 위해 작성해 놓은 대화의 대본이다. 완성도 있는 스크립트는 업무 성과에 좋은 영향을 미칠 수 있다.

☐ 아웃바운드 스크립트 구성

도입부(첫인사 · 자기소개, 고객 확인, 전화의 목적 전달, 상대방 양해, 부재 시 대응), 상담부(상품 · 서비스 제안, 반론극복), 종결부(동의와 확인, 종결)

☐ 스크립트의 역할

고객과의 실제 상담 상황을 준비할 수 있는 대응력 향상, 상담사의 상담 역량 향상

☐ 역할연기(롤플레잉, Role-playing)

고객과 상담사로 각자의 역할을 정해 스크립트를 활용하여 실전 연습을 하는 것이다.

02 통신판매 시스템 운용

☐ 대량콜 처리시스템

많은 지역에서 많은 수의 사람들과 전화통화를 해야 하는 상황에 있는 적정 규모 이상의 기업에서 필요한 시스템으로, 이 시스템을 통해 방대한 내용의 의사소통을 많은 고객과 신속하게 진행하여 일을 처리할 수 있다.

☐ 인입콜의 처리

인입콜은 고객으로부터 기업에 걸려온 전화로, 기업은 시스템을 통해 고객 전화를 분류하여 상담원에게 배치하며, 상담원은 고객의 전화를 다양한 정보와 함께 전달받아 고객 니즈를 파악하여 상담 · 처리한다.

☐ 콜로드 예측 시 필요한 네 가지 주요 수치

통화시간, 마무리시간(통화 후 업무시간), 평균 처리시간, 통화 업무량

☐ 고객 신상정보

고객의 신상정보는 과거에 고객이 입력했거나 직전에 상담한 내용을 토대로 작성된 고객의 각종 개인정보이다. 고객명, 고객ID, 성별, 주민등록번호(필요시 앞자리만), 주소, 전화번호, 생일, 취미 등이 있다.

☐ **고객 이력정보(접촉정보)**

최근 상담이력, 회사의 자료 검색, 고객의 등급, 판촉정보, 상담을 통한 처리결과, 고객 접촉 채널 등의 정보이다. 고객 이력정보를 통해 고객의 주요 관심사나 성향을 파악하고, 현재 문제점 등을 미리 예측할 수 있다.

☐ **다이얼러 시스템**

아웃바운드 콜센터에서 고객에게 전화를 걸어야 하는 상황에서 시간을 절약하고 정확성을 기하기 위해 사용하는 시스템이다.

☐ **ACD(Automatic Call Distributor)**

고객으로부터 걸려오는 전화를 해당 시점에서 전화를 받고 있지 않는 상담원에게 순차적으로 균등하게 자동분배해 주는 시스템이다.

☐ **CTI(Computer Telephony Integration)**

전화의 통신기능과 컴퓨터의 지능화된 기능을 통합하여 다양한 통신서비스를 제공하는 시스템이다. 컴퓨터와 전화를 통합시켜 기존의 분리된 전화업무와 컴퓨터업무를 하나로 처리할 수 있게 구성된 지능형 통합전산기술이다.

☐ **IVR(Interactive Voice Response)**

외부에서 전화가 걸려오면 고객번호 또는 주민등록번호와 비밀번호를 요구하여 번호가 체크되면 호스트에서 해당 자료를 검색하고 ACD 기능에서 지정한 상담사에게 전송하는 시스템이다.

03 통신판매 고객관계관리

☐ **VOC(Voice Of Customer, 고객의 소리)**

고객의 소리함, 전화, 인터넷, 이메일, 팩스, SMS 등 다양한 비대면 채널을 통해 진행되는 것으로 기업에 대한 고객의 문의, A/S 요청, 상담, 불만 그리고 칭찬과 제안 등을 의미한다.

☐ **해피콜**

아웃바운드 텔레마케팅의 업무로, 해당 부서에서 제공한 VOC 처리 결과에 대한 만족 여부 및 불만 사항 등을 전화로 직접 수집하거나 감사의 전화 등을 실시하여 고객의 불편이나 서비스 개선 사항 등을 발굴하고 개선하는 방법이다.

□ 외부 피드백(해피콜)의 기능

- 고객 불만에 대해 공감하고 대안을 제시한다.
- 고객 충성도를 제고할 수 있다.
- 기업에 대한 불만 확산을 차단하고, 기업의 이미지를 개선할 수 있다.

□ RFM 분석

가장 최근에 구매한 일자(Recency), 구매한 빈도(Frequency), 구매한 총금액(Monetary)의 세 가지 고객정보를 통해서 고객의 가치를 계량화하여 평가하는 것을 의미한다.

□ 고객생애가치(고객평생가치, LTV)

개별 고객이 최초 거래 시점부터 마지막 거래 예상 시점까지의 거래에 대한 모든 기록의 누계이다. 현재까지 누적된 수익가치뿐만 아니라 미래의 평생가치에 대한 예측분까지 합산한 고객의 총평생가치 개념이다.

□ 고객가치 측정기법의 유형

RFM, 고객평생가치, 고객 점유율

□ 고객 충성도

고객이 특정 기업의 브랜드, 상품 등을 지속적으로 재구매하고, 타인에게 추천하거나 구매를 권유하는 등의 우호적인 행동을 보이는 애착 정도를 의미한다.

□ 고객 충성도의 중요성

높은 고객 충성도는 직접적으로는 장기간에 걸쳐 기업에 수익을 가져오고, 간접적으로는 주변 사람들에게 제품이 전파되도록 돕는다. 고객 충성도가 높으면 기업은 신규 고객을 확보할 때 마케팅 기회 포착이 용이하고 유지비가 저렴하여 효율적으로 예산을 지출할 수 있으므로 고객이 높은 고객 충성도를 유지하도록 노력해야 한다.

□ 보상 프로그램

반복적으로 구매하는 우량 고객에게 마일리지, 포인트, 경품 등 여러 가지 인센티브를 제공하여 고객 충성도를 향상시키고, 지속적인 커뮤니케이션을 통해 고객과의 정서적 관계를 형성하고 강화해 나가고자 하는 마케팅 전략이다.

□ 보상 프로그램의 구분

보상 유형에 따라 직접보상과 간접보상으로 구분되며, 보상 시점에 따라 즉각보상과 지연보상으로 구분된다.

□ 보상 프로그램의 특징

금전적인 혜택의 부여를 통해 반복적 구매를 유도하고, 특별우대서비스와 같은 긍정적인 감정을 제고시키기 위한 프로그램이다. 고객초청행사, 고객경진대회 등의 단발성 프로그램과 구별되며 사전에 정해진 운영 지침에 따라 계속적으로 이루어진다. 프로그램에 대한 내용은 홈페이지 등을 통해 공개된다.

□ 포인트 프로그램

구매 금액에 따라 포인트를 적립시키고, 적립된 포인트에 따라 마일리지, 캐시백 포인트, 가격 할인, 상품 증정 등의 여러 가지 금전적 혜택을 제공하는 프로그램을 의미한다.

□ 우수 고객 프로그램

고객의 기여도 기준에 따라 선정된 우수 고객을 대상으로 다양한 금전적 또는 비금전적 혜택을 제공하는 프로그램을 의미한다.

04 통신판매 고객 상담

□ 고객 만족경영

기업의 모든 부분의 운영을 고객 만족에 초점을 맞추어서 실행하고자 하는 경영 기법이다.

□ 고객 접점(MOT; Moments Of Truth)

고객이 처음 기업과 접촉해서 서비스가 마무리될 때까지의 전 과정을 의미하는 것으로, 고객이 기업과 만나는 모든 장면에서 기업에 대한 고객의 경험과 인지에 영향을 미치는 결정적 순간을 의미한다. 결정적 순간은 보통 종업원과 고객이 접촉하는 순간에 발생하지만 직·간접적으로 기업의 다른 자원과 접촉하는 모든 순간에 발생할 수 있다.

□ 결정적 순간의 발생 시기

- 종업원과 고객이 접촉할 때
- 고객이 광고를 볼 때
- 고객이 그 기업의 건물을 볼 때
- 고객이 기업의 주차장에 차를 세울 때
- 고객이 기업의 로비에 들어섰을 때
- 고객이 우편으로 받은 청구서나 문서를 접할 때

□ 비대면 커뮤니케이션

전화나 인터넷(컴퓨터 또는 스마트폰 이용)으로 처리하는 업무를 비대면 커뮤니케이션이라 말한다.

□ 비대면 채널의 특징

비대면 채널은 고객과 직접적인 대면 접촉을 하지 않는 전화, 우편(DM), 팩스, 인터넷, 이메일, SMS/MMS, 키오스크(Kiosk)와 같은 무인 단말기 등을 포함한다. 대면 채널과는 달리 운영에 있어서 시간과 공간의 제약이 거의 없으며, 초기 구축 비용 이외의 운영 비용도 상대적으로 낮다.

□ 전화 상담

고객 문제가 발생하면 언제, 어디서나 즉시 상담할 수 있고, 문제 해결 방안을 신속하게 얻을 수 있다. 그러나 소비자 상담의 내용이 복잡한 경우에는 전화 상담만으로 이해하거나 설득하기가 쉽지 않고, 전화 상담이 많을 경우에는 통화 연결이 어렵다.

□ 채팅 상담

상담원과 소비자가 대화방이라는 가상의 상담실에서 만나 대화를 주고받으며 상담하며 소비자가 문제점을 밝히면 상담원이 실시간으로 조언 · 문제 해결 방안을 제공하는 방식으로 진행된다.

□ 이메일 상담

컴퓨터를 활용한 통신으로 편지를 주고받으며 진행되는 상담이다. 소비자가 인터넷 상담원에게 소비자 문제를 적어서 메일을 보내면 상담원이 소비자에게 답장을 보내는 방식으로 이루어진다. 다른 사람에게 공개되지 않아 익명성이 보장되고, 상담원도 소비자의 생각을 여러 차례 읽고 다양한 답변을 제공할 수 있다. 그러나 익명성 보장으로 인해 상대방의 인적 사항을 파악하기 어렵고 왜곡된 정보를 받을 가능성도 있다.

□ 라포(Rapport)

고객과 상담사 사이에 형성되는 공감대를 의미하며, 고객에게 관심을 갖고 고객의 욕구를 파악함으로써, 친밀감을 형성하여 고객이 신뢰감을 느끼도록 하는 기법이다.

□ 라포의 특징

상담을 성공적으로 이끌어가기 위하여 라포 형성은 매우 중요하며, 상담사가 따뜻한 관심을 가지고 고객을 대할 때 라포가 형성될 수 있다.

□ 경청

귀를 기울여 듣는 것을 의미하며, 고객 말을 끝까지 경청해서 듣는 것과 고객의 말에 적절한 호응어를 사용하는 것 외에 재질문, 재진술, 효과적인 니즈 탐색 질문이 모두 경청 능력이라 할 수 있다.

□ 효과적인 경청 기법

- 고객이 언급한 내용에 대해 재확인 · 재질문 · 명료화한다.
- 비판하거나 평가하지 않는다.
- 편견을 갖지 않고 고객의 입장에서 듣는다.
- 고객의 말을 가로막지 말고 끝까지 주의 깊게 듣는다.

□ 매슬로우의 욕구이론

인간은 기본적으로 다섯 가지 욕구에 의해 동기가 부여되며 사람은 이 다섯 가지 욕구 중에 어떤 특정 욕구를 만족시키기 위해 노력한다. 각 욕구들은 위계 수준에 따라 순서가 정해질 수 있으며, 낮은 수준의 욕구가 충족되어야 그 다음 수준의 욕구가 발현된다. 각 욕구에는 생리적 욕구, 안전의 욕구, 사회적 욕구, 존경의 욕구, 자아실현의 욕구가 있다.

□ 개방형 질문

문제 해결에 도움을 줄 수 있는 방법을 구상하면서 고객의 욕구를 파악하는 질문법으로, 고객이 마음속에 생각하고 있는 여러 가지 요구사항들을 가급적 많이 얻으려는 질문이다.

예 "고객님, 어떤 형태의 제품을 찾고 계십니까?"

□ 폐쇄형 질문

간단한 답변, 즉 '예/아니요' 등의 단답을 이끌어 내는 질문법으로 정보 확인하기, 주문 체결하기, 동의 얻기, 정보 명확히 하기 등의 목적을 가진다.

예 "고객님, 예전에 저희 제품을 사용해 보신 적이 있으신가요?"

□ FABE 기법

상품을 Feature(특징), Advantage(장점), Benefit(이점), Evidence(증거) 순으로 설명함으로써 고객을 설득하는 화법이다.

□ Yes, but 화법

일단 상대의 의견을 긍정하고 난 후에 자신의 반대되는 의견을 제시하는 화법이다.

□ 아론슨 화법

단점을 장점으로 전환하고자 할 때 활용하는 화법으로 고객의 반론에 효율적으로 활용한다.

예 "네, 비싸죠? 비싸지만 질이 가장 좋아 오랫동안 좋은 상품을 사용할 수 있습니다."

□ 레어드 화법

명령형 대신 의뢰형, 질문형으로 말하여 고객이 선택할 수 있도록 요청하거나 답변하도록 유도하는 기술이다.

예 "이름이요." → "성함을 말씀해 주시겠습니까?"

05 영업 고객 불만관리

☐ 고객 불만의 발생

고객의 기대와 평가 간의 차이로 고객이 기대하는 수준보다 실제 평가가 낮은 경우에 발생한다.

☐ 고객이 불평 행동을 하는 이유

보상의 획득, 분노의 표출, 서비스 개선에 기여, 다른 고객을 위한 배려

☐ 불만의 발생 주체에 따른 불만 원인

- 기업 원인(제품 및 서비스 품질, 표시상의 결함 또는 광고 문제 등)
- 직원 원인(상품 및 업무 지식 결여, 서비스 마인드 결여, 약속 불이행 등)
- 소비자 원인(고객의 지나친 기대, 고객의 기억 착오 또는 오해로 인한 마찰, 고객의 고압적 태도, 고객의 부주의 등)
- 불가피한 상황과 관련된 원인(천재지변으로 인한 서비스 제공의 실패 등)

☐ 소비자 기본법

소비자 정책의 종합적 추진을 위한 기본적인 사항을 규정한 법률이다. 소비자의 권리와 책임을 규정하고 소비생활의 향상과 국민 경제의 발전에 이바지함을 목적으로 한다.

☐ 공정성 이론

불만족한 고객의 문제를 해결하고 만족시키는 과정에서 고객이 기업의 노력이 얼마나 공정하다고 인식하는가에 따라 그 결과가 달라질 수 있다는 이론이다. 절차적 공정성, 상호작용적 공정성, 분배적 공정성 등이 있다.

☐ 고객 만족도 측정의 3원칙

정확성의 원칙, 정량성의 원칙, 지속성의 원칙

☐ 소비자 불만 자율 관리 프로그램(CCMS; Consumer Complaints Management System)

기업이 소비자의 불만 · 피해를 사전에 예방하고, 신속하게 사후 구제를 할 수 있도록 내부 체제를 갖추어 실행하는 프로그램을 의미한다.

06 고객 분석과 데이터관리

□ 표면적 데이터에 의한 고객 분류

기업이 관리하고 있는 기본적인 고객 데이터베이스를 이용해서 고객을 분류하는 방법이다.

예 나이, 성별, 주소, 직업 등

□ 생애 단계에 의한 고객 분류

고객의 연령대에 따라 요구하는 상품이 다르다는 점에 착안하여 연령대별로 고객을 분류하는 방법이다.

예 유년기, 청년기, 장년기, 노년기 등

□ 잠재 고객

자사의 제품 및 서비스를 구매한 경험이 없는 사람들 중에서 미래에 자사의 고객이 될 수 있는 가능성을 가진 고객이다.

□ 신규 고객

잠재 고객들 중 처음으로 구매를 하고 난 후의 고객이다.

□ 기존 고객

신규 고객들 중 어느 정도 반복적으로 상품을 구매하는 고객들로, 어느 정도 안정화 단계에 들어선 고객이다.

□ 핵심 고객

기존 고객들 중 기업의 상품에 지속적으로 만족한 뒤, 기업의 상품을 반복적으로 구매할 뿐만 아니라 주변에 적극적으로 사용을 권유하여 간접적인 광고 효과를 발생시키는 고객이다.

□ 이탈 고객

더 이상 해당 기업의 상품을 구입하지 않는 고객이다.

□ 데이터 웨어하우스(DW; Data Warehouse)

데이터베이스에 저장되어 있는 데이터 가운데 의사결정에 필요한 데이터를 추출한 후, 이를 통일된 형식으로 변환하여 저장해 놓은 데이터베이스이다.

□ 데이터 웨어하우스의 특징

주제 지향성, 통합성, 시계열성, 비소멸성

□ OLAP(On-Line Analytical Processing)

사용자가 정보에 직접 접근하여 대화 형태로 정보를 분석하고 의사결정에 활용하는 것이다.

☐ OLAP의 특징

다차원 데이터베이스, 직접 접근 가능, 대화식 분석

☐ 내부 고객

조직 내부에 소속되어 있는 직원. 전달자 역할을 하며 자사 제품을 소비하는 소비자도 되기 때문에 마케팅의 대상이 되기도 한다.

☐ 외부 고객

조직 내부에 소속되어 있지 않은 외부의 고객을 말한다.

☐ 고객 가치

기업이 고객에게 제공하는 가치 또는 고객이 기업의 수익 창출에 기여하는 가치를 의미한다.

☐ 결측치 데이터

측정되지 않아 존재하지 않고 아무것도 없는 데이터로, 값이 없는 경우를 말한다.

☐ 일반 데이터 보호 규정

어떤 개인의 정보가 이용될 때 그 정보가 어떤 방식으로 왜 사용되는지 설명을 요청할 수 있다. 정보의 수정이나 삭제를 요구하는 것도 가능하며, 한 업체에 제공했던 정보가 다른 업체로 옮겨지거나 정보가 원치 않는 방식으로 형성 · 처리될 경우 그 과정 자체를 거부할 수도 있다.

07 고객 지원과 고객관리 실행

☐ 파레토 분석

문제가 될 수 있는 이슈의 자료와 정보를 수집하고, 이를 유형별로 분류해서 중요한 문제를 찾아내는 기법이다. 중요한 것의 80%가 상위 20%에 속한다는 이론으로, 중요한 문제를 먼저 해결하자는 기본적인 상식에 기초를 둔다.

☐ 고객 만족(CS; Customer Satisfaction)

기업이 제공하는 제품이나 서비스가 고객의 기대를 최대한 충족하는 것으로, 고객 만족은 고객에게 신뢰감을 주는 중요한 요소이며 제품과 서비스에 대한 연속적인 구매로 이어지게 한다.

☐ 고객 만족도 조사가 필요한 이유

- 마케팅 실무자들의 의사결정 효율성을 높인다.
- 고객의 니즈를 규정하고 고객을 만족시키는 마케팅 활동을 하도록 도와준다.
- 고객의 심리적 · 행동적 특성 파악에 도움을 준다.

☐ 클레임

기업의 고의 또는 과실로 계약 위반이나 부당 조치 등이 발생하여 경제적 · 시간적 손실을 초래한 것에 대해 고객이 기업에게 보상을 요구하는 것이다.

☐ 분쟁

고객과 기업 간에 이견이 발생하여 상호 협상으로 해결하지 못하고 제3자의 조정이나 중재 또는 소송으로 문제를 해결하는 것이다.

☐ 고객 응대의 원칙

신속성의 원칙, 공평성의 원칙, 고객 중심의 원칙

☐ 전화 응대의 기본 원칙

신속, 정확, 친절

08 고객 필요정보 제공

☐ 대중매체

불특정 다수의 소비자들에게 상품 또는 서비스에 대한 정보를 공개적으로 전달할 수 있으며, 대중매체의 유형에는 신문, 잡지, 라디오, 텔레비전, 옥외 광고, 인터넷, SNS, 모바일 광고 등이 있다.

☐ 인쇄매체(신문, 잡지)

상세한 정보 전달이 가능하고, 특정 매체의 구독자를 타깃으로 상품 정보를 전달할 수 있다. 그러나 다른 매체에 비해 전달 속도가 느리다.

☐ 라디오

휴대성이 용이하여 텔레비전보다 쉽게 고객에게 상품 정보를 전달할 수 있다. 그러나 상품 정보를 청각적으로만 표현할 수 있고, 전달 시간이 짧다.

☐ 텔레비전

광범위하게 상품 정보를 전달할 수 있지만 비용이 많이 들고, 상품 정보의 전달 시간이 짧다.

□ 옥외 광고

지속적이고 반복적으로 상품 정보를 노출할 수 있다. 그러나 설치하기에 좋은 위치를 확보하기가 쉽지 않고, 일반적으로 사람들이 옥외 광고를 보는 시간이 짧다.

□ 인터넷 및 모바일

시간적 · 공간적 제약이 없고, 상품에 대한 고객의 반응을 빠르게 알 수 있다. 그러나 인터넷 사용이 능숙하지 못한 연령층에는 상품 정보 전달이 용이하지 않다.

□ 통합 마케팅 커뮤니케이션(IMC; Integrated Marketing Communication)

다양한 마케팅 커뮤니케이션 도구들을 효과적으로 결합하여 고객들에게 상품 또는 기업의 일관된 이미지를 제공하는 고객과의 의사소통방법이다.

□ 고객관계관리(CRM; Customer Relationship Management)

기업과 고객과의 관계 형성 · 유지 · 강화를 목적으로 하는 마케팅 활동으로, 고객 데이터와 정보를 분석 · 통합하여 개별 고객의 특성에 기초한 마케팅 활동을 계획 · 지원 · 평가하는 과정이다.

09 통신판매 성과관리

□ 목표관리(MBO; Management By Objectives)

상사와 부하가 상호 협의하에 공동 목표를 확인하고, 각 개인의 중요한 책임 영역을 각 개인에게 기대되는 성과로 환산하여 확정하고, 이러한 목적을 달성하기 위한 지침을 설정하여 실시하며, 성과를 평가하고 활용하는 과정이다.

□ 목표관리의 효과

- 목표에 몰입할 수 있게 한다.
- 내적인 동기를 부여한다.
- 목표관리 시스템을 사용하는 직원들이 심리적 만족감을 느낄 수 있다.

□ 업적평가

조직구성원의 능력 개발, 업적의 향상, 동기 유발 등의 목적을 달성하기 위해 실시하며, 평가 과정을 통해 조직구성원들이 자신의 직무를 보다 더 잘 수행할 수 있는 메커니즘을 제공한다.

☐ 업적평가를 위한 기준

- 신뢰성 있는 척도이어야 한다.
- 개인들의 업적 결과에 따라 차별화할 수 있어야 한다.
- 직무상 주된 행동에 영향을 받을 수 있어야 한다.
- 피평가자들이 수용 가능한 것이어야 한다.

☐ 업적평가의 기능

업적평가의 결과는 조직구성원에게 피드백되어 동기 유발과 자기 개발에 영향을 미치고 조직에서는 이를 근거로 임금과 승진 등 보상을 결정한다. 즉 업적평가 결과는 조직 계획 수립과 주요 의사결정에 영향을 미친다.

☐ 역량평가

조직구성원의 역량을 측정하기 위해 평가 대상자의 핵심역량을 평가자가 복수의 평가 기법을 활용해서 평가하는 것으로, 조직구성원이 조직의 성과를 올리기 위해 발휘하는 능력을 평가하는 것이다.

☐ 역량평가의 목적

조직구성원의 자발적인 역량 개발을 유도하고, 전문성을 확보하며, 업무수행과정에서 역량을 적극 발휘하게 하여 조직역량을 향상시키고 조직의 전략목표를 달성하게 하는 것이다.

☐ 핵심 성과지표(KPI; Key Performance Indicator)

목표를 성공적으로 달성하기 위하여 핵심적으로 관리해야 하는 요소들에 대한 성과지표를 말한다.

☐ 개인평가

조직에서 각 직무를 수행하는 조직구성원 개개인에 대한 평가를 말하며 업적평가, 역량평가, 다면평가 등이 있다.

☐ 조직평가

각 조직별로 설정된 목표와 핵심 성과지표의 결과에 대해 평가 기준에 따라 평가하는 것으로 통상 계량 지표, 비계량 지표, 가감점 지표로 구성된다.

☐ 상대평가

타인과 비교하여 평가하는 것으로 현실적으로 조직 내 피평가자의 위치를 파악하는 데 도움을 줄 수 있다.

☐ 절대평가

기준을 정해 놓고 평가하는 것으로 피평가자에게 객관적 평가에 따른 장단점을 피드백하여 의욕을 향상시키고 자기 개발을 하도록 유도할 수 있다.

□ 정성적 평가

품질, 태도 등과 같이 계수화하기 어려운 평가를 말한다.

□ 다면평가

상사, 동료, 부하 직원, 고객 등 다양한 사람들이 여러 각도로 평가하는 것을 말한다.

□ 인센티브

종업원의 어떤 행동을 인정 · 장려함으로써 그 행동을 계속 유지하게 하여 기대한 만큼의 효과를 얻는 것이다.

□ 인센티브의 효과

- 긍정적인 효과: 동기 유발, 사기 진작, 경쟁 유발, 생산성 증진 등
- 부정적인 효과: 처벌의 효과, 인간관계의 훼손, 원인 규명의 곤란, 모험 억제, 흥미 상실 등

□ 동기부여

일반적으로 어떤 사람을 자극하는 행동을 불러일으키거나 바람직한 행동을 수행하도록 이끄는 것이다.

□ 동기부여 이론

매슬로우(Maslow)의 욕구 단계 이론, ERG 이론, 허즈버그(Herzberg)의 동기-위생 이론

□ 모니터링

고객센터의 통화품질을 향상시키기 위해 고객과 텔레마케터 간의 실제 통화 내용 샘플을 듣는 것이다.

□ 모니터링의 목적

통화품질 향상, 상담원의 통화 능력 체크, 상담원 예절 및 친절성 체크, 상담원 발음의 정확성 체크, 상담원 평가를 통한 코칭

□ 통화품질 관리(QA; Quality Assurance)

통화품질이란 기업과 고객 간 통화의 총체적인 품질의 정도를 말한다. QA는 통화와 관계되는 하드웨어 및 소프트웨어적 통화 수단과 통화 방법의 측정과 평가, 커뮤니케이션의 품격 정도와 내 · 외부 모니터링 실시를 통해 생성되는 통화품질 종합평가와 분석 · 관리, 교육 지도, 사후관리를 종합적으로 수행하는 업무를 말한다.

□ 손익분기점(BEP)

매출액과 비용의 차이가 제로(0)가 되는 점으로, 여기서 비용은 고정비와 변동비의 합계를 말한다.

10 통신판매 조직운영관리

□ 직무기술서

능률적인 직무수행을 위해 직무의 성격, 요구되는 자질, 직무 행동 등 중요 사항을 기록한 것이다.

□ 직무명세서

직무기술서에 의한 직무, 그에 대한 자격 요건을 개인의 역량에 중점을 두고 정리한 것이다.

□ 직무평가

객관적인 직무의 내용을 평가하는 것으로, 직무평가의 최종결과물은 임금 체계 등 인사제도의 여러 방면에 활용할 수 있다. 임금을 합리적으로 결정하고 직무 체계를 확립하기 위한 기초자료를 얻는 것을 목적으로 한다.

□ 내부 모집(사내 모집)

기존 종업원을 대상으로 하여 필요한 인적 자원을 모으는 방법이다. 사내 공모제도, 종업원 추천제, 인력전환배치, 승진 등이 있다.

□ 외부 모집(사외 모집)

외부에서 필요한 인적 자원을 모으는 방법이다. 인터넷 모집, 리크루터를 통한 모집, 인턴십을 통한 모집, 기존 종업원의 추천, 대학 등 교육기관의 추천, 자발적 지원, 채용 알선 전문기업 홈페이지를 활용한 모집 등이 있다.

□ 구조적 면접

미리 준비된 질문 항목에 따라 순차적으로 질문하는 방법으로, 유도적 면접이라고도 한다.

□ 비구조적 면접

면접자가 질문을 하면 지원자가 형식에 구애 받지 않고 자유롭게 자신의 의사를 표현하는 것이다. 지원자에 대한 광범위한 정보를 얻을 수 있는 방법으로, 비유도적 면접이라고도 한다.

□ 교육훈련의 목적

- 신입 종업원의 조직과 직무에 대한 이해를 돕는다.
- 종업원들의 원활한 직무수행을 도와준다.
- 종업원들의 미래 직무에 대한 기회를 제공한다.
- 조직의 변화에 대한 정보를 종업원들에게 제공한다.
- 종업원 개인의 발전을 위한 기회를 제공한다.

□ 복리후생

임금이나 근로조건과 무관하게 종업원의 편익을 제공하기 위해 기업이 추가적으로 제공하는 간접보상이다.

☐ 경력 개발의 기본 원칙

경력경로의 원칙, 적재적소 배치의 원칙, 후진양성의 원칙

11 통신판매 환경 분석

☐ 통신판매

판매자가 판매 정보를 우편, 전기통신, 광고물, 광고시설물, 전단지, 신문, 방송, 잡지 등을 통하여 불특정 다수에게 제공하고 비대면으로 소비자의 청약을 받아 재화 또는 용역을 판매하는 것이다.

☐ 마케팅정보시스템(MIS; Marketing Information System)

마케팅 경영자가 마케팅 관리를 보다 효율적으로 수행하기 위해 의사결정 시 사용할 수 있는 정확한 정보를 적시에 수집, 분류, 분석, 평가, 배분하도록 기획, 설계되어 지속적으로 상호작용하는 시스템을 말한다. 내부정보시스템, 고객정보시스템, 마케팅정찰시스템, 마케팅조사시스템, 마케팅 의사결정 지원시스템의 다섯 가지로 구분할 수 있다.

☐ SWOT 분석

강점(Strength)과 약점(Weakness)을 분석하고, 기업 외부에서 일어나고 있는 환경 변화를 종합적으로 정리하여 자사가 처한 기회(Opportunity)와 위협(Threat) 요인들을 파악하는 것이다.

☐ PEST 분석

대표적인 산업환경 분석 모델로, 해당 기업이 속한 산업 또는 시장을 둘러싼 거시적 산업환경에 영향을 미칠 수 있는 주요 요인들을 도출하고, 그 내용을 분석하는 것이다.

☐ 마이클 포터의 5 Force Model

다섯 가지의 관점에서 현상을 분석하는 기법이다. 공급자 교섭력, 잠재 진입자 위협, 산업 내 경쟁강도, 구매자 교섭력, 대체제의 위협으로 구분되는 산업의 다섯 가지 요소가 해당 산업의 수익률을 결정하며, 이들 요소가 많고 세력이 강할수록 해당 산업의 평균 수익률은 낮아진다.

☐ BCG 매트릭스

자금의 투입, 산출 측면에서 사업(전략사업단위)이 현재 처해 있는 상황을 파악하여 상황에 맞는 처방을 내리기 위한 분석 도구이다. X축(수평축)을 상대적 시장 점유율로 하고, Y축(수직축)을 시장 성장률로 하여, 미래가 불투명한 사업을 물음표(Question mark), 점유율과 성장성이 모두 좋은 사업을 스타(Star), 투자에 비해 수익이 월등한 사업을 캐시카우(Cash cow), 점유율과 성장률이 둘 다 낮은 사업을 도그(Dog)로 구분한다.

12 STP 전략 수립

□ STP 전략

시장을 세분화하고(Segmentation), 목표시장을 선정하며(Targeting), 제품의 위상을 정립시키는 것(Positioning)을 말한다.

□ 시장 세분화

자사가 경쟁 우위를 차지할 수 있는 유리한 시장을 찾기 위하여 시장을 일정한 기준을 통해 몇 개의 소비자 집단으로 나누는 작업이다.

□ 세분시장(Segment market)

세분화를 통해 나뉜 시장으로, 기업의 마케팅믹스 전략에 유사하게 반응하는 동질성을 보인다.

□ 목표시장

시장 세분화를 통해 나눈 시장 중에서 자사의 경쟁 상황을 고려했을 때 자사에 가장 좋은 기회를 제공할 수 있는 특화된 시장으로, 핵심 고객에게 집중적으로 마케팅을 펼쳐, 보다 효과적인 성과를 이루기 위한 것이다.

□ 비차별화 마케팅

무차별적 마케팅이라고도 하며, 기업이 하나의 제품이나 서비스를 가지고 시장 전체에 진출하여 가능한 한 다수의 고객을 유치하려는 전략으로 시장 세분화가 필요하지 않다.

□ 차별화 마케팅

두 개 혹은 그 이상의 시장 부문에 진출할 것을 결정하고 각 시장 부문별로 별개의 제품 또는 마케팅 프로그램을 세우는 것이다.

□ 집중화 마케팅

한 개 또는 몇 개의 시장 부문에서 집중적으로 시장을 점유하려는 전략으로, 기업의 자원이 한정되어 있을 때 이용하는 전략이다.

□ 포지셔닝

목표 소비자의 마음속에서 자사 제품을 경쟁 제품 대비 유리한 위치(Position)에 정립시키는 것이다.

□ 포지셔닝 맵

소비자들의 구매의사결정이 마음속에서 이루어짐에 따라 여러 브랜드에 대한 소비자의 인식, 즉 경쟁 및 자사 브랜드의 속성 수준이나 브랜드 간의 상대적 위상을 2차원 또는 3차원의 도표에 일목요연하게 나타낸 것을 말한다.

□ 재포지셔닝

소비자 욕구의 변화, 상권 내 역학 구조의 변화, 소매 기업 내 각종 상황의 변화 등의 요인에 의하여 그동안 유지해 왔던 마케팅믹스 및 영업 방법상의 특징을 본질적으로 변화시킴으로써 상권의 범위와 내용, 목표 소비자를 새롭게 조정하는 활동이다.

13 마케팅믹스 전략 수립

□ 제품의 수명주기(PLC ; Product Life Cycle)

도입기(Introduction), 성장기(Growth), 성숙기(Maturity), 쇠퇴기(Decline)

□ 도입기(Introduction)

경쟁자가 거의 없으며, 원가가 높다. 혁신적인 고객이 제품을 산다.

□ 성장기(Growth)

제품이 확대되고 시장 수용이 급속하게 이루어져 판매와 이익이 현저히 증가한다.

□ 성숙기(Maturity)

판매가 절정에 이르렀다가 감소하기 시작하며, 도입기나 성장기보다 오랫동안 지속된다.

□ 쇠퇴기(Decline)

대체품의 출현으로 점차 쇠퇴하며, 판매량과 이익이 매우 낮다.

□ 고가 전략의 조건

- 시장 수요의 가격 탄력성이 낮을 때
- 시장에 경쟁자의 수가 적을 것으로 예상될 때
- 규모의 경제 효과를 통한 이득이 미미할 때
- 진입 장벽이 높아 경쟁 기업의 진입이 어려울 때
- 높은 품질로 새로운 소비자층을 유인하고자 할 때
- 품질 경쟁력이 있을 때

□ 저가 전략의 조건

- 시장 수요의 가격 탄력성이 높을 때
- 시장에 경쟁자의 수가 많을 것으로 예상될 때
- 소비자들의 본원적인 수요를 자극하고자 할 때
- 원가 우위를 확보하고 있어 경쟁 기업이 자사 제품의 가격만큼 낮추기 힘들 때
- 가격 경쟁력이 있을 때

□ 상층흡수가격 정책(고가격 정책)

신제품을 시장에 도입하는 초기 단계에 고가로 출시했다가 점차 가격을 하락시켜 나가는 방법이다.

□ 침투가격 정책

신제품을 시장에 도입하는 초기 단계에 저가로 시작했다가 점차 가격을 높여 나가는 방법이다.

□ 명성 가격결정법

구매자가 가격으로 품질을 평가하는 경향이 강한 비교적 고급 품목에 대하여 가격을 결정하는 방법이다.

□ 단수 가격결정법

구매자에게 가격이 가능한 한 최하의 선에서 결정되었다는 인상을 주기 위하여 고의로 단수를 붙여 가격을 결정하는 방법이다.

□ 총거래수 최소화의 원칙

유통경로 과정에서 중간상의 개입으로 거래의 총량이 감소하여 실질적인 거래 비용이 감소한다. 즉, 중간상의 개입으로 제조업자와 소비자 사이의 거래가 보다 효율적으로 이루어진다는 논리이다.

제2장 유형별 핵심키워드

※ 유형별로 중요한 키워드를 모았습니다. 학습을 마친 후 키워드 아래의 설명을 가리고 내가 제대로 알고 있는지 다시 한번 파악해 보세요. 제대로 알고 있다면 ☑ 표시하세요.

01 단계를 알아두어야 할 키워드

☐ 데이터마이닝의 과정

문제 정의 → 리스트 선별 · 정제 · 보완 → 변환 → 데이터마이닝 → 해석 및 평가 → 통합

☐ 해피콜의 순서

고객 본인 확인 → 감사 인사 → VOC 처리 결과 안내 → 만족도 조사 → 마무리 인사

☐ 제품수명주기의 순서

도입기 → 성장기 → 성숙기 → 쇠퇴기

☐ 매슬로우의 욕구이론 단계

생리적 욕구 → 안전의 욕구 → 사회적 욕구 → 존경 욕구 → 자아실현 욕구

☐ 포지셔닝 진행 절차

시장 분석(소비자 분석 및 경쟁자 확인) → 경쟁 제품의 포지션 분석 → 자사 제품의 포지션 분석 → 포지셔닝 개발 및 실행 → 포지셔닝의 확인 및 재포지셔닝

☐ 아웃바운드 상담 단계

첫인사 및 자기소개 → 상대방 확인 및 전화 양해 → 전화를 건 목적 안내 → 정보 수집 및 니즈 탐색 → 상품, 서비스 제안(반론극복) → 동의와 확인 → 종결

☐ 인바운드 상담 단계

첫인사 및 자기소개 → 고객 니즈(문의 내용) 파악 → 정보 제공 및 문제 해결 → 동의와 확인 → 종결

□ 역할연기의 과정

상황 설정 → 역할연기 대상자 선정 → 배역 지정 → 역할 내용 검토 및 평가 → 스크립트 및 매뉴얼 수정 → 반복 훈련 및 효과 체크

□ 장애 처리 순서

장애여부 식별 · 접수 → 장애 등록, 등급지정 → 1차적 문제 해결 → 장애 내용 배정 → 2차적 문제 해결 → 문제 내용 관리 → 장애 처리 종료 → 장애 처리 프로세스 확인

□ 모니터링 실행 과정

계획 수립 → 녹음 및 청취 → 평가 → 사후 점검 및 코칭

□ 고객 불만 처리 절차

불만 접수 · 응대 → 처리 작업 → 담당 부서 분배 → 담당 부서 접수 · 이관 → 불만 처리 → 완료

□ 소비자의 구매의사결정 과정

문제 인식 → 정보 탐색 → 대안의 평가 → 구매 → 구매 후 평가

□ 유통경로의 설계 과정

고객 욕구분석 → 유통경로의 목표 설정 → 주요 경로 대안의 식별 → 경로 대안의 평가

02 유형이나 종류를 알아두어야 할 키워드

□ 마케팅믹스 4P

Product, Place, Promotion, Price

□ 시장 세분화의 기준 변수

지리적 변수, 인구통계적 변수, 심리분석적 변수, 행동분석적 변수

□ 시장 세분화의 요건

내부적 동질성과 외부적 이질성, 측정가능성, 접근가능성, 규모의 경제성(실질성, 유지가능성), 행동가능성

□ 촉진 전략

광고, 홍보, 판매촉진, 인적 판매

☐ 불만 고객 처리의 원칙

피뢰침의 원칙, 책임 공감의 원칙, 감정 통제의 원칙, 언어 통제의 원칙, 역지사지의 원칙

☐ 아웃바운드 다이얼러 시스템

Preview dialing, Predictive dialing, Progressive dialing

☐ 서비스의 특성

무형성, 소멸성, 이질성, 동시성, 가변성

☐ 수준별 제품의 분류(코틀러의 제품의 세 가지 수준)

핵심 제품, 실체(유형) 제품, 확장(포괄) 제품

03 용어의 뜻을 알아두어야 할 키워드

☐ MTP법

- Man(누가 처리할 것인가?): 담당자를 상급자로 바꾸어 주어 고객의 심리적 안정을 이끌어 낸다.
- Time(언제 처리할 것인가?): 고객의 흥분 상태가 진정되고 마음이 누그러질 때까지 시간을 가지고 기다려 준다.
- Place(어디에서 처리할 것인가?): 장소를 바꾸어 분위기를 환기시킨다.

☐ AIO

Activity(활동), Interest(관심), Opinion(의견)을 기준으로 라이프스타일을 분석한다.

☐ LTV(고객평생가치)

Life Time Value

☐ MOT(진실의 순간, 결정적 순간)

Moments Of Truth

☐ RFM

Recency(구매최근성), Frequency(구매빈도), Monetary(평균구매액)

□ SMART 성과목표

- S(Specific): 구체적이어야 한다.
- M(Measurable): 측정할 수 있어야 한다.
- A(Attainable): 달성가능한 지표여야 한다.
- R(Result): 전략 과제를 통해 구체적으로 달성하는 결과물이어야 한다.
- T(Time-bound): 일정한 시간 내에 달성 여부를 확인할 수 있어야 한다.

04 장점을 알아두어야 할 키워드

□ 인바운드 텔레마케팅

- 고객 관점
  - 누구나 기업에 접근이 용이하다.
  - 상황에 적합한 맞춤형 상담이 가능하다.
  - 즉시 문제 해결을 하거나 해결 방안을 제안받을 수 있다.
- 기업 관점
  - 고객 요구에 대한 신속한 대응이 가능하다.
  - 고객별 맞춤형 상품 및 서비스 제공이 가능하다.
  - 기업의 긍정적 이미지 제고가 가능하다.

□ SWOT

제품에 대한 내부 요인, 외부 요인을 정리하여 일목요연하게 파악할 수 있다.

□ 1차 자료

신뢰도, 타당도 면에서 연구 목적의 수행에 적합하고, 수집된 자료를 의사결정이 필요한 시기에 적절하게 이용할 수 있다.

□ 2차 자료

신속하게 수집이 가능해 시간과 비용을 절약할 수 있다.

□ 개방형 질문

- 자유로운 응답이 가능하다.
- 다양한 의견의 수렴이 가능하다.
- 자료를 모으는 데 효과적이다.
- 고객 상황에 대한 명확한 이해가 가능하다.

- 고객의 니즈 탐색이 가능하다.
- 상세한 정보 획득이 가능하다.
- 소규모 조사에 유리하다.
- 대답이 불명확하면 설명을 요구할 수 있어 오해를 제거하고 친밀감을 향상시킬 수 있다.

□ 폐쇄형 질문

- 민감한 주제에 적합하다.
- 응답이 표준화되어 있어 비교가 가능하다.
- 시간과 경비의 절약이 가능하다.
- 전체 상담 시간 조절이 용이하다.
- 조사자가 유도하는 방향으로 고객을 리드하는 것이 용이하다.
- 응답 항목이 명확하고 신속한 응답이 가능하다.
- 조사자의 편견이 개입되는 것을 방지할 수 있다.

□ 다면평가

- 편파적인 평가 의견을 견제함으로써 균형 있는 평가가 가능하다.
- 평가자 외의 다른 구성원들에게도 평가 참여 기회를 제공하여 참여감과 조직에 대한 일체감을 증진시킬 수 있다.
- 평가 결과의 익명성으로 인해 평가 대상에 대한 객관성을 제고할 수 있으며, 공정하고 합리적으로 평가할 수 있다.

□ 전화조사

- 조사 비용이 저렴하다.
- 조사 기간이 짧다.
- 우편조사보다 응답률이 높다.
- 조사자 통제가 가능하다.

□ 시장 세분화

- 시장의 세분화를 통하여 마케팅 기회를 탐지할 수 있다.
- 제품 및 마케팅 활동을 목표 시장의 요구에 적합하도록 조정할 수 있다.
- 시장 세분화의 반응도에 근거하여 마케팅 자원을 보다 효율적으로 배분할 수 있다.
- 소비자의 다양한 욕구를 충족시켜 매출액의 증대를 꾀할 수 있다.

05 단점을 알아두어야 할 키워드

□ 인바운드 텔레마케팅

- 고객 관점
  - 상담원 응대까지 대기시간이 소요된다.
  - 무료 전화를 제외한 별도의 통신비용이 발생한다.
- 기업 관점
  - 관리비와 인건비 등 비용이 많이 든다.
  - 상담원 개인 역량에 따라 기업 이미지에 부정적인 영향을 끼칠 수 있다.
  - 고객의 인입량을 통제할 수 없다.

□ SWOT

- 내부적인 요소인 강점(Strength)과 약점(Weakness)에 대해서 주관적으로 판단하는 경우가 발생하여 정확한 결과가 나오지 않을 수 있다.
- 기회(Opportunity) 요소와 위협(Threat) 요소는 자의적으로 해석하거나 분석에 필요한 중요한 요소들을 간과함으로써 오류에 빠질 수가 있다.
- 현재의 환경에서는 기회나 위협이 될 수 있는 요소가 향후에는 반대로 작용할 수도 있다.

□ 1차 자료

자료 수집에 비용과 시간이 많이 소요되고, 조사 방법에 관한 지식과 기술이 필요하다.

□ 2차 자료

자료를 수집한 목적이 다르기 때문에 자료의 유용성 및 실효성에 제한을 받는 경우가 많다.

□ 전화조사

- 상세한 정보 획득이 어렵다.
- 전화 중단의 문제가 있다.
- 시간 제약의 문제가 있다.
- 보조 도구의 사용이 곤란하다.

□ 폐쇄형 질문

- 상세한 정보 획득이 어렵다.
- 응답자의 다양한 의견 반영이 어렵다.
- 응답 항목의 배열에 따라 응답이 달라질 수 있다.
- 설문지 작성 과정이 어렵다.

☐ 다면평가

- 상사의 업무나 성과에 대한 지식이 부하 직원들에게 부족할 경우 공정하고 객관적인 평가가 어렵다.
- 의견이 상충될 때 누구의 의견이 옳은지 판단하기 어렵다.
- 평가 결과에 대한 상사의 보복이 두려워 정확한 평가를 기대할 수 없다.
- 평가에 시간과 비용이 많이 든다.

PART 2

필답형 핵심문제

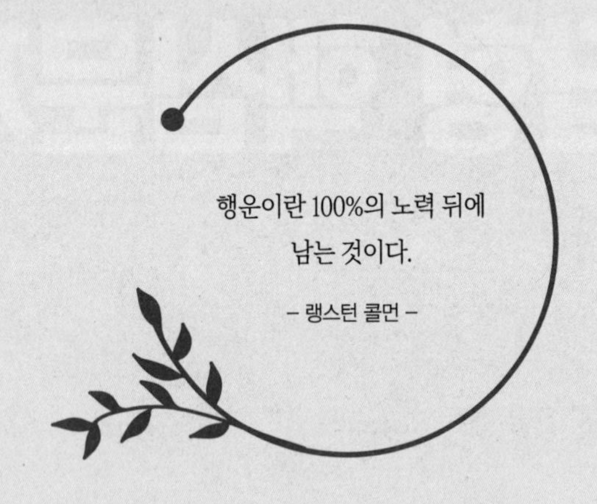
행운이란 100%의 노력 뒤에
남는 것이다.
– 랭스턴 콜먼 –

제 1 장 인 · 아웃바운드 판매 채널 운영관리

01 효과적인 스크립트는 (   )을/를 파악하여 일관된 흐름에 따라 대화가 진행되어야 한다. 빈칸에 들어갈 말을 쓰시오.

02 인바운드 텔레마케팅이 적용되는 세 가지 판매 분야를 쓰고 그 예를 각각 한 가지씩 쓰시오.

정답★해설

01 고객의 니즈(요구)

02
- 홈쇼핑 및 카탈로그: 주문 접수, 상품 문의
- 금융: 상품 상담 및 가입, 카드 발급 문의
- 통신: 통신사 신규 가입, 부가서비스 가입

03 일정 기간 반응이 없는 고객의 리스트나 입수한 지 상당 기간이 지난 고객 리스트에 대한 데이터를 체계적으로 추리고 최신 데이터로 업데이트하는 것을 뜻하는 용어를 쓰시오.

04 다음은 아웃바운드 상담 단계이다. 순서에 맞게 기호를 쓰시오.

- A: 종결
- B: 동의와 확인
- C: 전화를 건 목적 안내
- D: 첫인사 및 자기소개
- E: 정보 수집 및 니즈 탐색
- F: 상대방 확인 및 전화 양해
- G: 상품, 서비스 제안(반론극복)

05 교차판매(Cross-selling)에 대해 설명하시오.

06 인바운드와 아웃바운드의 업무 특성을 각각 세 가지 쓰시오.

정답★해설

03 리스트 클리닝(List cleaning)

04 D → F → C → E → G → B → A

05 고객이 구매한 기록을 바탕으로 관련 상품을 연계하여 구매할 수 있도록 홍보하는 일을 말한다. 또한 제품을 판매하거나 서비스를 제공하는 과정에서 다른 제품이나 서비스에 대하여 고객이 추가로 구매하도록 유도하고 촉진시키는 마케팅 기법을 말한다.

06
- 인바운드
  - Q&A에 의존하는 경향이 높다.
  - 고객과의 상담에 수동적이다.
  - 판매와 수주계약이 비교적 간단히 성립된다.
- 아웃바운드
  - 스크립트에 의존하는 경향이 높다.
  - 성과지향성이 강하다.
  - 마케팅 전략의 개척과 능력 개발을 위한 투자가 필요하다.

07 효율적인 고객 응대를 위해 사전에 작성된 시나리오를 뜻하는 용어를 쓰시오.

08 아웃바운드 스크립트를 작성할 때 다음 내용은 도입부, 상담부, 종결부 중 어디에 해당되는지 쓰시오.

- 상품 · 서비스 제안
- 반론극복

09 인바운드는 Q&A의 활용도가 높은 반면에 아웃바운드는 (　　　)의 활용도가 높다. 빈칸에 들어갈 말을 쓰시오.

10 스크립트의 역할을 두 가지 쓰시오.

11 아웃바운드 텔레마케팅의 성공 요소를 다섯 가지 쓰시오.

정답★해설

07 스크립트

08 상담부

09 스크립트

10 • 고객과의 실제 상담 상황을 준비할 수 있도록 대응력을 향상시킨다.
• 상담사의 상담 역량을 일정 수준 이상이 되도록 향상시킨다.

11 • 명확한 고객 데이터베이스
• 잘 정비된 콜센터 장비 및 컴퓨터와 전화 장치
• 효과적이고 신뢰감을 줄 수 있는 화법과 잘 짜인 스크립트
• 아웃바운드에 적합한 전용상품 및 특화된 서비스
• 유능한 텔레마케터의 선발 및 교육

12 인바운드와 아웃바운드 텔레마케팅의 개념과 그에 대한 고객서비스의 예를 각각 세 가지 쓰시오.

13 다음은 인바운드 상담의 흐름을 나열한 것이다. 빈칸에 들어갈 알맞은 내용을 쓰시오.

첫인사 및 자기소개 →(A)→ 정보 제공 및 문제 해결 →(B)→ 종결

14 다음은 스크립트에 대한 설명이다. 빈칸 A~C에 알맞은 내용을 쓰시오.

- 스크립트는 문어체가 아닌 (A)(으)로 작성해야 한다.
- 스크립트는 고객, (B), 경쟁사의 입장을 고려해서 작성해야 한다.
- 스크립트는 (C)을/를 통해 실전에 활용할 수 있도록 충분히 숙지해야 한다.

15 시장 점유율과 고객 점유율에 대해 설명하시오.

16 아웃바운드 텔레마케팅과 인바운드 텔레마케팅에 관해 정의하시오.

정답★해설

12
- 인바운드 텔레마케팅: 고객으로부터 걸려온 전화를 수신하는 형태의 텔레마케팅으로, 고객주도형이며 Q&A의 활용도가 높다.
  예 기술 지원, 주문 접수, 클레임 처리
- 아웃바운드 텔레마케팅: 고객에게 제품이나 서비스를 적극적으로 판매하는 형태의 텔레마케팅으로, 기업주도적이고 능동적이며 목표지향적이다.
  예 고객 만족도 조사, 전화응대 친절도 조사, 판촉 활동

13
- A: 고객 니즈(문의 내용) 파악
- B: 동의와 확인

14
- A: 회화체(구어체)
- B: 기업
- C: 역할연기

15
- 시장 점유율: 목표시장 내 경쟁사와 대비되는 점유율로 자사 제품을 사용하는 고객의 비율, 즉 고객 획득률을 의미한다.
- 고객 점유율: 특정 고객 한 사람이 하나의 업종에서 구매하는 총량 중 자사가 차지하는 비율로, 고객 지갑의 점유율을 의미한다.

16
- 아웃바운드 텔레마케팅: 미리 선정된 고객의 데이터베이스를 갖추고 고객에게 전화를 걸어 기업의 상품이나 서비스를 적극적으로 안내 · 판매하는 마케팅 기법이다.
- 인바운드 텔레마케팅: 기업의 광고 또는 홍보에 반응한 고객들이 고객센터에 전화를 거는 고객주도형 텔레마케팅 기법이다.

17 리스트 클리닝의 목적을 세 가지 쓰시오.

18 텔레마케팅을 수행하기 위한 세 가지 필수 자료를 쓰시오.

19 다음은 어떤 유형의 고객에 대한 대응 전략인지 쓰시오.

- 고객의 감정에 호소한다.
- 고객의 욕구가 선호되고 받아들여지는 것에 초점을 맞춘다.
- 고객에게 질문한다. 예 "이 제품이나 서비스를 어떤 면에서 좋아하시는지요?"
- 고객의 생각을 인정하고 긍정적인 피드백을 한다.

20 기업 관점에서의 인바운드 텔레마케팅 활용의 장점을 다섯 가지 쓰시오.

21 텔레마케팅의 활용 분야를 다섯 가지 쓰시오.

정답★해설

17
- 고객의 고정데이터 보완 및 범위 결정
- 데이터 정리 · 정비로 고객데이터의 효율성 제고
- 텔레마케팅을 통한 수익 및 효과 창출

18
- 스크립트(Script)
- Q&A
- 데이터시트(Data sheet)

19 표현적인 유형

20
- 고객 요구에 대한 신속한 대응이 가능하다.
- 고객별 맞춤형 상품 및 서비스 제공이 가능하다.
- 기업 내 타 부서 업무의 효율성을 지원할 수 있다.
- 시장 정보를 수집하여 타 부서에 신속한 피드백이 가능하다.
- 기업의 긍정적 이미지 제고가 가능하다.

21
- 고객서비스 및 고객관리
- 휴면 고객 활성화
- 판매 · 주문접수
- 고객정보 수집
- 마케팅 리서치

22 콜 라우팅의 의미에 대해 쓰시오.

23 다음은 역할연기의 과정을 순서대로 쓴 것이다. 빈칸 A와 B에 들어갈 알맞은 내용을 쓰시오.

(A) → 역할연기 대상자 선정 → 배역 지정 → 역할 내용 검토 및 평가 → (B) → 반복 훈련 및 효과 체크

24 반론극복이란 무엇을 말하는지 쓰시오.

25 반론극복의 유형 중 다음과 같이 고객이 반론을 제기할 경우 활용할 수 있는 반론극복의 유형은?

> "남편과 의논해야 해요.", "이미 다 가입했어요.", "좀 더 생각해 보고 할게요."와 같이 고객이 상황을 만들어 반론을 제기한다.

26 자신의 의견을 말하기보다는 듣고 관찰하거나 질문을 하기 좋아하며, 갈등 상황에서 화를 내지 않고 질문에 대한 구체적이고 완전한 설명을 원하는 고객의 유형을 쓰시오.

정답★해설

22 외부에서 걸려온 전화를 어디로 보내야 할지를 사용자가 정할 수 있도록 하는 지정 경로 선택 시스템으로, 우선순위 또는 특정 콜로의 전환 등의 규칙에 따라 자동 전화연결이 된다.

23 • A: 상황 설정
• B: 스크립트 및 매뉴얼 수정

24 상담사의 제안 내용에 대한 고객의 거부 의사 표현이나 돌발 질문을 반론이라고 하는데, 고객의 반론을 설득하는 것을 반론극복이라고 한다.

25 상황별 반론극복

26 합리적인 유형

27 불만족한 고객을 응대할 때 필요한 대응 전략을 다섯 가지 쓰시오.

28 인바운드는 (　　　)의 활용도가 높은 반면에 아웃바운드는 스크립트의 활용도가 높다. 빈칸에 들어갈 용어를 쓰시오.

29 다음은 역할연기 시 고객역할을 하는 대상이 주의 깊게 피드백해야 하는 항목과 그 내용이다. 빈칸 A~C에 들어갈 항목을 차례대로 쓰시오.

첫인사	• 첫인사에 밝은 미소가 담겨 있으며 호감이 느껴지는가? • 자기소개 시 신뢰감이 가도록 이름이 명확하게 들리는가?
(A)	• 상담 전반적으로 미소가 느껴지는가? • 전체적인 목소리 속도가 적절한가?
(B)	• 고객을 진심으로 존중하고 있다는 느낌이 드는가? • 고객의 말을 중간에 자르거나 고객의 말과 겹쳐 말하지 않아서 고객이 의견을 충분히 말할 수 있는가? • 고객의 말에 호응어를 적절히 사용하는 등의 배려하는 마음이 느껴지는가?
(C)	• 말투에 정중함이 느껴지는가? • 알아듣기 쉬운 표현을 사용하는가?
마무리	• 끝인사는 정성이 느껴지는가? • 이름이 명확하게 들리는가?

30 고객이 상담 내용에 반론을 제기하거나 본인의 의견을 합리화하려고 반론을 제기할 때 상담원은 상담 상황이나 고객 유형에 맞게 반론을 극복해야 한다. 반론극복 기법의 종류를 다섯 가지 쓰고 설명하시오.

정답★해설

27
- 고객이 만족할 수 있는 방법을 제시한다.
- 전문기관의 도움을 받는다.
- 개방형 질문을 한다.
- 고객을 충분히 배려한다.
- 원하는 보상을 파악하여 A안, B안을 준비한다.
- 공감하면서 경청한다.

28 Q&A

29
- A: 음성품질
- B: 경청 능력
- C: 언어표현

30
- 사례법: 상담원이나 다른 사람의 사례를 인용하여 고객에게 설명한다.
- 입증법: 객관적으로 입증할 만한 자료(통계 자료 등)를 인용하여 고객에게 설명한다.
- 부메랑법: 고객이 제시한 반론의 내용을 축소된 질문으로 바꿔 다시 질문한다.
- Yes, but 화법: 고객의 반론에 우선 찬성한 뒤 그와 반대되는 자신의 의견을 설명한다.
- 칭찬 기법: 고객에게 칭찬을 하여 고객의 기분을 좋게 만들어 나가면서 상담한다.

31 스크립트를 작성할 때 지켜야 할 원칙 5C를 쓰시오.

32 스크립트의 정의를 간단하게 쓰시오.

33 다음은 어떤 고객에 대한 설명인지 쓰시오.

- 어떻게 조치해야 할지 궁금한 상태에 있다.
- 피해 보상 요구에서도 A안과 B안 중 어느 것이 유리한지 결단력이 부족하다.
- 어떤 것을 선택하는 것이 유리한지 C와 D를 두고 망설인다.
- 제품 서비스를 구매하는 데 필요한 정보가 부족한 상태이다.

정답★해설

31
- Clear: 이해하기 쉽게 작성할 것
- Concise: 간단명료하게 작성할 것
- Convincing: 논리적으로 작성할 것
- Conversational: 회화체로 작성할 것
- Customer-oriented: 고객 중심으로 작성할 것

32 텔레마케터가 고객 응대를 위하여 미리 잘 짜놓은 대화의 대본으로, 고객과 의사소통하는 데 있어 대화를 부드럽게 이끌어 갈 수 있게 해 주며 텔레마케팅의 필수품이자 고객 응대의 기초가 된다.

33 우유부단한 고객

제2장 통신판매 시스템 운용

01 다음 설명이 뜻하는 용어는 무엇인지 쓰시오.

> 고객이 상담원과 통화를 못 할 경우, 고객이 전화번호와 함께 시간을 예약해 놓으면 상담원이 그 시간에 전화를 걸어 고객의 업무를 처리하는 것을 말한다.

02 콜로드 예측 시 필요한 데이터를 네 가지 쓰시오.

03 다음 설명이 뜻하는 용어는 무엇인지 쓰시오.

> 상담원이 응답하기 전에 전화를 건 사람이 전화를 끊는 경우가 생기는데, 이때 ACD까지만 연결되고 끊어진 통화를 말한다. 이것은 고객서비스 측면에서 콜센터의 적정한 규모를 산정할 때 중요한 기초 자료로 검토된다.

04 VMS(Voice Mail System)가 무엇인지 쓰시오.

정답★해설

01 콜백(Call back)

02
- 통화시간
- 마무리시간/통화 후 업무시간
- 평균 처리시간
- 통화 업무량

03 포기콜(Abandoned call)

04 상담원의 음성사서함을 미리 설정해 놓고 그 함에 음성을 녹음 · 축척 · 전송 · 재생하는 기능이다.

05 다음 설명이 뜻하는 용어는 무엇인지 쓰시오.

인바운드와 아웃바운드로 나뉘어 있던 텔레마케터 그룹을 양쪽 고객을 모두 취급할 수 있도록 한 그룹으로 연결시키는 것을 말한다.

06 콜센터 성과관리의 서비스 지표를 측정하는 콜 중에서 콜센터에 시도된 콜로 분류되며, 고객이 전화를 했으나 콜센터 교환기까지 도달되지 못한 콜의 비율을 의미하는 용어를 쓰시오.

07 다음 설명이 뜻하는 용어는 무엇인지 쓰시오.

이전에 전혀 접촉이 없었던 고객과의 첫 통화로, 관심이 없던 고객이 텔레마케터의 전화를 냉담하게 받는 것을 말한다. 일반적으로 잠재 고객에게 처음 거는 모든 전화를 의미하기도 한다.

08 콜센터 시스템에서 제일 기본적인 프로세스로서, 고객의 전화가 기업에 걸려오면 고객의 필요정보를 자동으로 다시 묻거나 적당한 상담원을 찾아 전화를 연결해 주는 프로세스는?

09 다음 설명이 뜻하는 용어는 무엇인지 쓰시오.

고객으로부터 걸려오는 전화를 해당 시점에서 콜이 비어 있는 곳이나 다음 응대를 위해 단순히 대기하고 있는 텔레마케터에게 순차적으로 균등하게 분배하는 장치이다. 통화량이 많은 경우에는 일정 시간 대기하고 있는 고객에게 통화량이 많아 응답이 늦어진다는 녹음 메시지를 자동적으로 내보낸다.

정답★해설

05 콜 블렌딩(Call blending)

06 불통률(Blockage rate)

07 콜드 콜(Cold call)

08 인입콜 처리 프로세스

09 ACD(Automatic Call Distribution)

10 인입콜 전산화면을 구성할 때 고객 신상정보에 들어가는 항목을 〈보기〉에서 골라 쓰시오.

〈보기〉

- 이름
- 나이
- 직업
- 고객의 등급
- 최근 상담이력

11 다음은 무엇에 대한 설명인지 쓰시오.

- 아웃바운드 콜센터에서 고객에게 전화를 걸어야 하는 상황에서 시간을 절약하고 정확성을 기하기 위해 사용하는 시스템이다.
- 기업이 고객에게 전화를 거는 데 있어서 꼭 필요한 시간만을 투자할 수 있도록 자동화된 시스템이 전화를 거는 시간을 최대한 절약시켜 준다.
- 아웃바운드 콜센터 슈퍼바이저의 캠페인 전략 수립 및 실행을 지원한다.
- 상담원들의 성과데이터 역시 자료데이터로 지원하고 있으므로 이를 통해 개선 활동도 수행할 수 있다.

12 다음은 장애 처리 프로세스이다. 빈칸 A와 B에 들어갈 알맞은 말을 쓰시오.

장애여부 식별 · 접수 → 장애 등록, 등급지정 → 1차적 문제 해결 → (A) → 2차적 문제 해결 → 문제내용 관리 → (B) → 장애 처리 프로세스 확인

13 다음은 무엇에 대한 설명인지 쓰시오.

- 고객으로부터 걸려온 전화에 대한 분석 및 고객의 개인정보 입력을 통해 상담원이 전화를 건 고객의 모든 정보를 실시간으로 볼 수 있다.
- 인바운드 전화의 분류, 처리, 관리 등의 기능이 컴퓨터를 통해 이루어진다.
- 고객이 전화에서 응대하는 음성 안내에 따라 숫자 버튼을 누르면 음성으로 원하는 정보를 듣게 되며 팩스를 통해서 문서로 볼 수 있다.

정답★해설

10
- 이름
- 나이
- 직업

11 다이얼러 시스템

12
- A: 장애 내용 배정
- B: 장애 처리 종료

13 CTI 시스템

14 아웃바운드 시스템 중 다이얼러 시스템의 종류를 세 가지 설명하시오.

15 다음은 아웃바운드 콜센터에서 최소화해야 할 다섯 가지 핵심 요소이다. 빈칸 A와 B에 들어갈 알맞은 내용을 쓰시오. (단, 답안의 순서는 상관없음)

- (A)
- (B)
- 포기통화의 수
- 후처리시간
- 무효통화의 수

정답★해설

14 • Preview dialing: 미리 보기 다이얼링이라고도 하며, 상담원과 고객의 전화가 연결되기 전에 고객의 정보를 상담원의 컴퓨터 화면에 미리 보여주는 시스템이다.
• Progressive dialing: 자동연결 다이얼링이라고도 하며, 시스템이 자동으로 전화를 걸어 다음 응대를 위해 대기하고 있는 상담원에게 자동으로 연결해 주는 시스템이다.
• Predictive dialing: 예측 다이얼링이라고도 하며, 상담원의 전화가 끝날 때마다 컴퓨터가 전화발신을 한 후 응답한 고객만 상담원과 연결해 주는 시스템이다.

15 • A: 통화시간
• B: 대기시간

제3장 통신판매 고객관계관리

01 VOC(고객의 소리)는 무엇의 약자인지 영어로 쓰시오.

02 고객 데이터베이스를 분석하는 기법 중 RFM에 대해 설명하시오.

정답★해설

01 Voice Of Customer

02 RFM은 고객의 성향을 분석하여 고객의 등급을 계산하는 점수 기준으로, R(Recency)은 최근성, F(Frequency)는 빈도성, M(Monetary)은 평균 구매액을 나타낸다.

03 다음은 무엇을 구하는 식인지 빈칸에 알맞은 말을 쓰시오.

( ) 지수=a×최근 구매일자+b×구매빈도+c×총구매액

04 1차 자료의 수집방법을 세 가지 쓰시오.

05 2차 자료의 종류를 세 가지 쓰시오.

06 기업 내부에서 다른 목적으로 활용하기 위해 수집한 정보나 타 기관에서 다른 목적으로 수집한 정보로, 시간과 비용면에서 절약할 수 있는 장점을 가진 자료를 뜻하는 용어를 쓰시오.

07 1차 자료와 2차 자료의 차이점을 서술하시오.

정답★해설

03 RFM

04
- 설문조사
- 실험조사
- 전화조사

05
- 신문
- 잡지
- 정부통계자료
- 연구 문헌 및 논문
- 기업 내부자료
- 학문 분야의 전문서적

06 2차 자료

07 1차 자료는 연구자가 문제 해결을 위해 조사 설계를 하고 그 설계에 근거하여 직접 수집한 자료이며, 2차 자료는 다른 조사 목적과 관련하여 조사 내부 혹은 외부의 특정한 조사 주체에 의해 기존에 이미 작성된 자료이다.

08 다음 내용은 VOC의 종류 중 어떤 VOC에 해당하는지 〈보기〉에서 찾아 쓰시오.

직원 칭찬, 서비스 만족 등의 고객 만족도, 제안 및 의견 제시 등 장기적으로 브랜드 인지도 향상, 상품 개발 및 서비스 개선에 적용할 수 있는 VOC이다.

〈보기〉

- 문제 해결형 VOC
- 제안형 VOC

09 다음에서 설명하는 것은 무엇인지 쓰시오.

- 콜센터에서 VOC 처리 결과를 외부 고객에게 비대면 채널로 피드백(외부 피드백)하는 것이다.
- 고객의 불만 사항을 효과적으로 회신하고, 고객으로 하여금 존중받고 있음을 느끼게 하여 고객의 충성도를 제고할 수 있다.
- 기업에 대한 불만 확산을 차단하고 기업의 이미지를 개선할 수 있다.

10 VOC를 통하여 기업이 얻을 수 있는 이점을 세 가지 쓰시오.

11 고객이 특정 기업의 브랜드, 상품 등을 지속적으로 재구매하고, 타인에게 추천하거나 구매를 권유하는 등의 우호적인 행동을 보이는 애착 정도를 무엇이라고 하는지 쓰시오.

정답★해설

08 제안형 VOC

09 해피콜

10
- VOC를 통해 자사의 서비스 및 제품의 문제점을 파악하고 향후 고객관리나 마케팅에 반영하여 2차, 3차로 발생될 수 있는 고객의 불만을 미연에 방지할 수 있다.
- VOC를 통해 불만 고객에게 빠르고 효과적으로 응대하여 기존에 가지고 있던 기업 이미지를 긍정적으로 바꾸어 놓음으로써 불만 고객이 충성 고객으로 발전할 수 있다.
- 기존 고객의 유지에 드는 비용보다는 새로운 고객 확보를 위해 드는 비용이 더 많다. 따라서 기존 고객 유지가 더욱 중요한데, 이는 VOC를 통해 해결이 가능하다.

11 고객 충성도

12 다음은 VOC 관리 시스템의 프로세스이다. 빈칸 A와 B에 들어갈 말을 쓰시오.

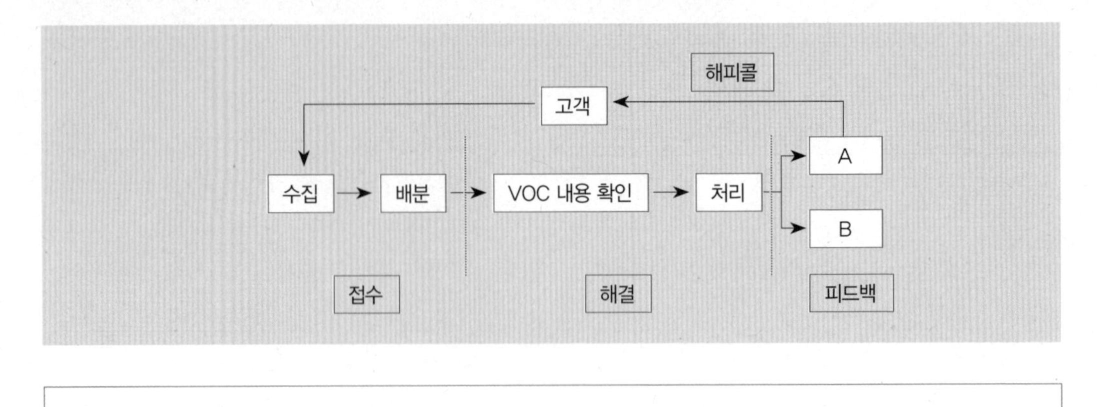

13 VOC를 접수할 수 있는 비대면 채널을 세 가지 쓰시오.

14 다음은 해피콜의 단계이다. 순서에 맞게 기호를 쓰시오.

- A: 해피콜 실행, 해피콜 결과 기록
- B: 관리계획 실행, 추후 평가
- C: 대상자 선정, 해피콜 기안 지정, 해피콜 방법 지정, 시나리오 작성
- D: 해피콜 결과 내부 공유, 관리계획 수립

15 해피콜의 기능을 두 가지 쓰시오.

정답★해설

12 • A: 외부 피드백
• B: 내부 피드백

13 • 전화 • 인터넷
• 이메일 • 팩스
• SMS

14 C → A → D → B

15 • 고객 충성도를 제고할 수 있다.
• 기업의 이미지를 개선할 수 있다.

16 고객 충성도 촉진 방안을 세 가지 쓰시오.

17 다음은 고객 충성도의 유형이다. 빈칸 A와 B에 들어갈 알맞은 유형을 쓰시오.

(A)	고객의 반복 구매가 자주 있고 심리적 애착도 매우 강한 고객으로, 이 단계에 속한 고객들의 특성을 알아내고 고객 충성도를 유지하는 것이 중요하다.
타성적 고객 충성도	고객의 반복 구매는 자주 있지만 심리적 애착이 약한 고객으로 언제든지 이탈 가능성이 있는 고객이므로 제품 구매 이외의 영역을 강화시켜줄 수 있는 마케팅 전략이 필요하다.
(B)	고객의 심리적 애착은 강하지만 반복 구매의 정도가 약한 경우로 이러한 고객들이 실제로 구매력이 존재함에도 불구하고 반복 구매가 낮은 원인을 파악하는 것이 중요하다.
비고객 충성도	반복 구매가 거의 없고 심리적 애착도 거의 없는 고객이다. 이러한 고객들은 반복 구매를 유도하거나 심리적 애착을 유도하는 전략을 수행해 다른 인근 고객 충성도 단계로 이끌어 나가야 한다.

18 보상 프로그램은 보상 유형과 보상 시점에 따라 보상의 방식이 나누어진다. 다음 표를 보고 빈칸 A와 B에 들어갈 알맞은 말을 쓰시오.

보상 유형	(A)	제품이나 서비스의 가치와 관련된 직접적인 보상물을 제공한다.
	간접보상	제품이나 서비스와 관련이 없는 간접적인 보상물을 제공한다.
보상 시점	즉각보상	(B)
	지연보상	고객의 반복적인 구매를 증진시키기 위하여 포인트를 일정 수준 이상 누적 혹은 상환하여 보상이 이루어진다.

19 보상 프로그램의 종류에는 포인트 프로그램과 우수 고객 프로그램이 있다. 다음 표를 보고 빈칸 A와 B에 들어갈 알맞은 말을 쓰시오.

구분	(A)	(B)
보상 대상	거래 실적이 있는 모든 고객	선정 기준에 부합하는 우수 고객
보상 기준	구매 금액	• 구매 금액 • 거래 기간, 수익기여도 등 과거 실적
보상 시점	• 신규 가입 쿠폰 등 즉각보상 • 적립 포인트에 대한 지연보상	선정 기준에 부합한 뒤 지연보상
보상 혜택	적립 포인트에 비례한 금전적 혜택	• 금전적 혜택 • 특별대우와 같은 비금전적 혜택

정답★해설

16 • 마일리지, 포인트 누적 혜택
• 고객 등급화와 등급별 차등 혜택
• 우수 고객 이벤트

17 • A: 초우량 고객 충성도
• B: 잠재적 고객 충성도

18 • A: 직접보상
• B: 구매시점이나 총구매금액 등에 따라 고객에게 즉각적으로 보상이 이루어진다.

19 • A: 포인트 프로그램
• B: 우수 고객 프로그램

20 고객의 가치를 측정할 수 있는 세 가지 방법을 쓰시오.

정답★해설

20 • RFM 분석
• 고객생애가치(LTV)
• 고객 점유율

제4장 통신판매 고객 상담

01 정보를 제공하여 고객 만족을 유도하는 통신판매 채널의 수단을 세 가지 쓰시오.

02 커뮤니케이션 매체 중 비대면 대화방법의 수단을 세 가지 쓰시오.

정답★해설

01
- 인터넷(홈페이지, 이메일 등)
- 전화
- 카탈로그
- TV 홈쇼핑

02
- 인터넷
- 휴대전화 메시지
- 전화

03 감정노동 시 스트레스를 관리하는 방법을 세 가지 쓰시오.

04 상담원의 성과나 동기부여가 현저하게 저하되어 의욕이 상실된 상태를 뜻하는 용어를 쓰시오.

05 다음 설명이 뜻하는 용어를 쓰시오.

> 고객이 조직의 어떤 일면과 접촉하는 접점으로서, 서비스를 제공하는 조직과 그 품질에 대해 어떤 인상을 받는 순간이나 사상을 말한다.

06 응답자의 오류 중 수신자에 의한 오류를 세 가지 쓰시오.

07 상담원의 개인적 요인에 의해 경청이 방해되는 경우를 네 가지 쓰시오.

정답★해설

03
- 자신의 스트레스 증상을 파악한다.
- 자신의 감정을 털어놓는다.
- 자기주장 훈련과 근육 이완법 훈련, 그리고 복식 호흡을 한다.
- 긍정적으로 생각한다.
- 생활 습관을 개선한다.

04 번아웃(Burn-out)

05 MOT(Moments Of Truth, 결정적 순간)

06
- 선입견
- 속단적인 평가
- 선택적 청취

07
- 신체적 건강상태가 좋지 않을 때
- 잡념이 심할 때
- 심리적 혼란상태일 때
- 편견이 있을 때

08 고객의 구체적인 욕구를 파악하기 위한 질문기법을 세 가지 쓰시오.

09 상담원과 고객 사이에 형성되는 친밀감이나 공감대를 무엇이라고 하는지 쓰시오.

10 라포 형성기법에 대해 설명하시오.

11 인바운드 및 아웃바운드 고객 응대 시에 국어 활용능력을 배양하여 (　　　)을/를 준수해야 한다. 빈칸에 들어갈 내용을 쓰시오.

12 효과적인 경청 기법을 세 가지 쓰시오.

정답★해설

08 • 상대방의 말을 비판하지 않는다.
• 가능하면 긍정적인 질문을 한다.
• 구체적으로 질문한다.

09 라포(Rapport)

10 • 고객과 상담원 간의 친밀감 형성을 위해 고객의 커뮤니케이션 특성에 맞추어 진행한다.
• 고객의 말을 긍정적으로 받아들이고 자신의 개성을 이용하여 성의 있는 관심을 표출한다.

11 국어 표준화법

12 • 고객이 언급한 내용에 대해 재확인 · 재질문 · 명료화한다.
• 비판하거나 평가하지 않는다.
• 편견을 갖지 않고 고객의 입장에서 듣는다.
• 고객과의 공통 관심 영역을 찾는다.
• 고객의 말을 가로막지 말고 끝까지 주의 깊게 듣는다.
• 고객에게 계속적인 반응을 보인다.

13 고객에게 질문을 던질 때부터 고객이 'Yes'라는 답변을 하도록 고객이 받을 수 있는 이점 위주나 긍정 화법으로 질문하는 기법이 무엇인지 쓰시오.

14 매슬로우의 욕구 5단계를 순서대로 쓰시오.

15 다음의 말을 레어드 화법을 사용하여 바꾸시오.

"고객님, 적으세요."

16 다음 빈칸에 알맞은 것을 쓰시오.

(　　　)(이)란 거래의 시작에서 완료에 이어지는 일련의 서비스 과정과 장래의 우호적인 관계유지를 위한 과정까지를 포함하여 고객이 접촉할 때마다 기업에 대해 가지는 인상의 지속성을 말한다.

17 일반적으로 고객이 종업원과 접촉함으로써 고객이 받게 될 서비스 품질에 대한 인식에 영향을 미치는 상황을 MOT(진실의 순간) 또는 결정적 순간이라고 한다. 하지만 고객과 종업원의 접촉 없이도 MOT가 발생하는 경우가 있다. 이러한 경우를 다섯 가지 쓰시오.

정답★해설

13 이익 질문법

14 생리적 욕구 → 안전의 욕구 → 사회적 욕구 → 존경의 욕구 → 자아실현의 욕구

15 "고객님, 메모 가능하십니까?"

16 MOT 사이클

17
- 고객이 광고를 볼 때
- 고객이 점포의 건물을 볼 때
- 고객이 우편으로 받은 청구서나 문서를 접할 때
- 고객이 회사 홈페이지를 방문했을 때
- 고객이 기업의 주차장에 차를 세울 때

18 다음은 MOT의 법칙이다. 빈칸 A~C에 들어갈 알맞은 MOT의 법칙을 〈보기〉에서 찾아 쓰시오.

(A)	서비스의 전체 만족도는 각 만족도의 합이 아니라 곱에 의해 결정된다. 각 서비스 항목 점수가 우수하게 나왔더라도 어느 한 항목 점수에서 0점을 받았다면 결국 총점은 0점으로 형편없는 서비스가 된다는 법칙이다.
(B)	통나무 물통은 세로로 긴 여러 조각의 통나무 조각을 붙여 만들었기 때문에 어느 한 조각이 깨지거나 조각의 높이가 낮으면 그 조각의 높이만큼만 물이 담기게 된다. 이와 같이 고객은 접점에서 경험한 여러 서비스 중 가장 나빴던 서비스를 유독 기억하고, 그 서비스를 기준으로 평가하기 때문에 전체 서비스 질 평가에도 영향을 미치게 된다는 법칙이다.
(C)	100가지 서비스 중 어느 한 접점의 서비스에서 불만족을 느꼈다면 서비스 전체의 만족도에 영향을 미칠 수 있다는 법칙이다.

〈보기〉

- 100－1＝0의 법칙
- 곱셈의 법칙
- 통나무 물통의 법칙

19 다음은 어떤 통신판매 채널의 장단점인지 쓰시오.

- 장점
  - 상담원이 소비자의 생각을 여러 차례 읽고 다양한 답변을 제공할 수 있다.
  - 소비자는 24시간 중 자신에게 가장 필요한 시간에 편지를 작성함으로써 스스로의 감정과 생각을 정리할 기회를 가지게 된다.
- 단점
  - 소비자가 보내온 편지의 내용에만 의존하기 때문에 상담원과 소비자가 문의 내용에 대한 해석을 서로 달리할 수도 있다.
  - 익명성 보장으로 상대방의 인적 사항을 파악하기 어렵고 왜곡된 정보를 받을 가능성도 있다.

20 비대면 채널의 특징을 두 가지 쓰시오.

정답★해설

18 • A: 곱셈의 법칙
• B: 통나무 물통의 법칙
• C: 100－1＝0의 법칙

19 이메일

20 • 대면 채널과는 달리 운영에 있어서 시간과 공간의 제약이 거의 없으며, 초기 구축 비용 이외의 운영 비용도 상대적으로 낮다.
• 시스템적으로 운용되기 때문에 채널의 효과가 개인의 역량에 의해 좌우되지 않는다.

21 개방형 질문의 단점을 세 가지 쓰시오.

22 폐쇄형 질문의 단점을 두 가지 쓰시오.

23 I · You · Do · Be–message 화법 중 대화 시 상대방에게 내 입장을 설명하는 화법으로, 상대방의 행동이 나에게 어떻게 느껴졌는지 또는 나에게 어떤 영향을 끼쳤는지 설명하는 화법은 무엇인지 쓰시오.

24 고객 설득 시 상품의 가치를 높여주기 위한 기법을 '특징', '장점', '이점', '증거'를 뜻하는 영어의 앞 글자를 따서 (　　　)(이)라고 한다. 빈칸에 들어갈 알맞은 말을 쓰시오.

25 다음 상황에서 상담사는 어떤 화법을 사용하였는지 쓰시오.

> 고객: 음, 이 물건은 너무 비싸네요.
> 상담사: 네, 비싸죠? 값은 좀 비싸지만 질이 가장 좋아 오랫동안 좋은 상품을 사용할 수 있습니다.

정답★해설

21
- 응답의 부호화가 어렵다.
- 다른 해석이 가능하고 편견이 개입될 수 있다.
- 응답자가 불성실하게 답을 할 수 있고 질문자(조사자)가 의도한 답을 얻기가 어렵다.

22
- 새로운 정보를 얻을 수 없다.
- 응답자의 충분한 의견 반영이 어렵다.
- 응답 항목의 배열에 따라 응답이 달라질 수 있으며 주요 항목이 빠지면 치명적이다.

23 I-message

24 FABE 기법

25 아론슨 화법

26 다음 설명은 어떤 화법에 대한 설명인지 쓰시오.

- 딱딱한 소파에 쿠션을 대듯 말을 부드럽게 만드는 화법으로서 고객의 의사에 대해 부드럽게 거절하거나 고객에게 요청해야 하는 사항이 있을 때 윤활유의 역할을 한다.
- 단독으로 활용되기보다는 레어드 화법(청유형)과 항상 함께 활용된다.
- "죄송합니다만~", "실례합니다만~", "괜찮으시다면~" 등으로 표현한다.

27 Do-message와 Be-message는 어떤 화법인지 쓰시오.

28 다음은 매슬로우의 욕구 단계 중 어느 단계에 해당하는지 쓰시오.

- 친목 단체, 학술 단체 등 기관이나 모임에 소속되기를 원한다.
- 상담사가 이 단계의 욕구를 이용하여 고객의 취미에 관한 대화나 건강, 가족, 소속된 회사에 관심을 보이는 것도 좋은 상담 대화 기법이 될 수 있다.

정답★해설

26 쿠션 화법

27 Do-message는 어떤 잘못된 행동 결과에 대해 그 사람의 행동 과정을 잘 조사하여 설명하고 잘못에 대하여 스스로 반성을 구하도록 하는 화법이고, Be-message는 잘못에 대한 결과를 일방적으로 단정함으로써 상대방으로 하여금 공격을 받았다고 생각하게 하여 반감을 불러일으키는 화법이다.

28 사회적 욕구 단계

제5장 영업 고객 불만관리

01 고객 만족도 조사의 3원칙을 쓰시오.

02 대상에 따라 텔레마케팅을 분류할 때 B to C와 B to B의 차이는 대상을 (A)(으)로 하느냐 아니면 (B)(으)로 하느냐에 따라 구분된다. 빈칸 A와 B에 알맞은 말을 쓰시오. (단, 답안의 순서는 상관없음)

03 고객 만족의 3요소를 쓰시오.

04 고객 불평 · 불만 처리요령인 MTP법에 대한 설명 중 빈칸 A~C에 알맞은 말을 쓰시오. (단, 영어로 쓸 것)

- (A): 누가 처리할 것인가?
- (B): 어느 시간에 처리할 것인가?
- (C): 어느 장소에서 처리할 것인가?

정답★해설

01
- 지속성
- 정량성
- 정확성

02
- A: 일반 소비자
- B: 기업체

03
- 제품 요소
- 서비스 요소
- 기업 이미지 요소

04
- A: Man
- B: Time
- C: Place

05 다음은 접수된 고객 불만의 처리 순서이다. 빈칸 A와 B에 들어갈 알맞은 내용을 쓰시오.

(A) → 처리 작업 → 담당 부서 분배 → 담당 부서 접수 · 이관 → (B) → 완료

06 고객이 불평 행동을 하는 이유를 세 가지 쓰시오.

07 불만 고객 응대 시 상담사의 기본자세를 세 가지 쓰시오.

08 불만 고객 응대 기법 중 다음과 같은 행동지침을 가지는 기법은 무엇인지 쓰시오.

- Hear them out: 고객의 말을 적극적으로 경청한다.
- Empathize: 고객의 불편에 공감한다.
- Apologize: 진심으로 사과한다.
- Take responsibility: 책임지고 해결책을 검토한다.

09 기업으로 인해 불만이 발생할 경우, 불만의 원인에는 어떤 것이 있는지 쓰시오.

정답★해설

05
- A: 불만 접수 · 응대
- B: 불만 처리

06
- 경제적 손실을 만회하거나 서비스를 다시 제공받기 위해 불평을 한다.
- 자신의 자존심을 회복하거나 감정을 표출하기 위해 불평을 한다.
- 특정 제품이나 서비스가 자신에게 매우 중요한 경우 개선에 기여하고자 자발적으로 나서서 불평 및 제언을 한다.
- 다른 고객이 자신과 같은 불만을 경험하지 않도록 문제를 제기하여 서비스가 개선되기를 기대하며 불평한다.

07
- 고객의 입장에서 듣고 생각한다.
- 자신의 감정을 통제할 수 있어야 한다.
- 고객의 마음을 먼저 달래 주어야 한다.
- 회사의 일원으로 책임을 지는 자세가 필요하다.

08 HEAT 기법

09
- 제품 및 서비스 품질 불량
- 표시상의 결함 또는 광고 문제
- 거래 조건 문제
- 상품 관리 미흡
- 운반, 배송 과정 중 관리 소홀
- 교환, 환불의 지연
- A/S 미흡
- 기업 이미지에 어긋난 경영 활동 및 경영진의 윤리 문제

10 직원으로 인해 불만이 발생할 경우, 불만의 원인에는 어떤 것이 있는지 쓰시오.

11 소비자로 인해 불만이 발생할 경우, 불만의 원인에는 어떤 것이 있는지 쓰시오.

12 고객 불만을 신속하고 적절하게 해결하기 위한 고객 불만 처리의 원칙을 네 가지 쓰시오.

13 소비자 피해 구제 방법 중 한국소비자연맹, 소비자시민모임 등의 단체가 피해 구제를 위한 상담 정보 제공, 당사자 간 합의 권고 등을 행하는 것은 무엇인지 〈보기〉에서 골라 쓰시오.

〈보기〉

- 당사자들 간 상호 교섭에 따른 구제 방법
- 민간 소비자 단체에 의한 구제 방법
- 행정 · 공공 기관에 의한 구제 방법
- 한국소비자원에 의한 구제 방법
- 법원에 의한 구제 방법

정답★해설

10
- 상품 및 업무 지식 결여
- 서비스 마인드 결여
- 약속 불이행
- 소극적인 자세
- 강권이나 강매
- 용모 및 복장 불량

11
- 고객의 지나친 기대
- 고객의 기억 착오 또는 오해로 인한 마찰
- 고객의 고압적 태도
- 고객의 부주의

12
- 불만 처리 프로세스가 이해하기 쉽고 이용하기 쉬운지 확인한다.
- 불만 처리 담당자와 최종 결재자가 누구인지 확인한다.
- 불만 처리 기한이 정해져 있는지 확인한다.
- 명확한 보상 처리 절차와 기준이 있는지 확인한다.
- 고객과 경영자에게 불만 처리 정보가 전달되고 있는지 확인한다.
- 불만 처리 결과를 고객에게 통지하여 반응을 알아본 후, 기록과 결과를 보관하는 절차가 명시되어 있는지 확인한다.

13 민간 소비자 단체에 의한 구제 방법

14 다음 내용이 설명하는 법은 무엇인지 쓰시오.

- 소비자를 보호의 객체에서 자립의 주체로 인식하고 소비자 주권의 강화와 소비자 피해 구제에 관한 법적 근거를 마련하고 있다.
- 물품 및 용역의 사용으로 입은 피해에 대해 신속하고 공정한 절차에 따라 적절한 보상을 받을 권리를 소비자의 기본적 권리로 규정하고 있다.

15 다음 내용은 어떤 법에 대한 내용인지 쓰시오.

- 제조상의 결함: 제조업자가 제조물에 대하여 제조 · 가공상의 주의 의무를 이행하였는지에 관계없이 제조물이 원래 의도한 설계와 다르게 제조 · 가공됨으로써 안전하지 못하게 된 경우를 말한다.
- 설계상의 결함: 제조업자가 합리적인 대체설계(代替設計, Alternative design)를 채용하였더라면 피해나 위험을 줄이거나 피할 수 있었음에도 대체설계를 채용하지 아니하여 해당 제조물이 안전하지 못하게 된 경우를 말한다.
- 표시상의 결함: 제조업자가 합리적인 설명 · 지시 · 경고 또는 그 밖의 표시를 하였더라면 해당 제조물에 의하여 발생할 수 있는 피해나 위험을 줄이거나 피할 수 있었음에도 이를 하지 아니한 경우를 말한다.

16 서비스 실패에 따른 회복 전략을 다섯 가지 쓰시오.

17 다음은 공정성 이론 중 어떤 공정성에 대한 내용인지 쓰시오.

- 불만족한 고객에게 서비스를 하는 직원의 태도 및 행동과 관련이 있다.
- 서비스 실패로 불만족한 고객이 신속하게 전액을 환불받았더라도 직원이 시종일관 불쾌한 표정으로 업무를 처리했다면 서비스 실패에 대한 고객의 불만은 해소되지 않는다.
- 직원의 솔직한 설명과 문제 해결을 위한 노력, 정중함, 진심 등이 매우 중요하다.

정답★해설

14 소비자 기본법

15 제조물 책임법

16
- 상품 · 서비스 무료 제공
- 가격 할인
- 쿠폰 제공
- 관리자의 개입
- 교환
- 정정
- 사과
- 무반응

17 상호작용적 공정성

18 다음은 공정성 이론 중 어떤 공정성에 대한 내용인지 쓰시오.

- 서비스 회복을 위해 기업이 고객에게 행하는 방침이나 규정과 관련이 있다.
- 고객이 원하는 수준의 보상을 받았다 하더라도 그 과정이 불합리했거나 부당한 대우를 받았다고 인식하거나 내부 처리 절차로 너무나 많은 시간을 기다린 경우 고객의 불만은 해소되지 않는다.

19 기업의 재무 및 운영 성과 정보를 수집하여 품질 비용을 계산하는 데 활용하는 방법으로, 투입 자원이 제품이나 서비스로 변환되는 과정을 밝혀 제품이나 서비스의 원가를 계산하는 방식은 무엇인지 쓰시오.

20 활동 기준 원가 계산(ABC)이 유용한 경우를 세 가지 쓰시오.

21 고객 만족도 조사 시 유의 사항을 네 가지 쓰시오.

정답★해설

18 절차적 공정성

19 활동 기준 원가 계산(ABC; Activity-Based Costing)

20
- 고객 불만 발생에 따른 비용을 추정할 때
- 고객 불만 발생의 원인을 추적하고, 추적한 결과를 분석할 때
- 고객 불만 문제에 따른 비용을 줄이기 위해 프로세스를 개선할 때

21
- 사소한 것이라도 고객과의 상담 내용은 빠짐없이 기록한다.
- 불미스러운 상황에 대한 대처 방법을 반드시 숙지한다.
- 접수된 고객 요구사항을 유형별로 확인하여 누락되는 내용이 없도록 한다.
- 수집된 고객의 개인정보는 안전하게 보관한다.
- 자료를 조사하여 활용할 경우 저작권 침해 등에 유의한다.
- 고객의 개인정보를 수집할 경우에는 개인정보 보호법에 따라 개인정보취급방침의 동의 여부를 반드시 확인한다.

22 다음 내용에서 말하는 제도는 무엇인지 쓰시오.

- 서비스가 일정 수준 이상 달성되지 못하는 경우 교환, 환불 등의 보장을 하는 제도이다.
- 이 제도의 핵심은 구매와 관련된 고객의 지각된 위험을 줄이는 데 있다. 소비자들은 특정 기업에 이렇게 계획된 제도가 있다는 것만으로도 서비스 실패에 따른 위험 부담이 줄고, 좋은 인상을 갖게 된다.

정답★해설

22 서비스 보증

제6장 고객 분석과 데이터관리

01 축적된 고객 관련 데이터베이스에서 이전에 알려지지 않은 마케팅 활동에 활용될 수 있는 숨겨진 패턴이나 규칙을 발견하여 가능성 있는 정보를 도출해 내는 과정을 무엇이라 하는지 쓰시오.

02 데이터마이닝(Data mining)의 적용범위를 세 가지 쓰시오.

정답★해설

01 데이터마이닝(Data mining)

02
- 서비스 품질 관리
- 마케팅 관리
- 카드 도용 방지

03 특정 기업의 제품을 지속적으로 구매하고 다른 사람들에게 그 제품을 추천하기도 하는 고객을 일컫는 용어를 쓰시오.

04 충성 고객이 기업에 미치는 영향을 세 가지 쓰시오.

05 다음 고객 유형에 대해 서술하시오.

- 잠재 고객
- 신규 고객
- 기존 고객
- 핵심 고객
- 이탈 고객

06 최초 구매자, 반복 구매자, 옹호 고객의 의미를 각각 쓰시오.

07 우편조사의 단점을 세 가지 쓰시오.

정답★해설

03 충성 고객

04
- 새로운 고객의 육성이 용이
- 보다 우수한 제품 및 서비스의 개발 및 제공
- 기업이 추구하는 고객관리를 위한 새로운 전략 수립이 용이

05
- 잠재 고객: 아직 첫 거래는 하지 않은 상태이나 상품 구입 가능성이 높거나 스스로 정보를 요구하는 유망 고객. 예상 고객이라고도 한다.
- 신규 고객: 유망 고객 중에서 상품을 처음으로 구매한 뒤의 고객. 최초 구매자라고도 한다.
- 기존 고객: 상품을 반복적으로 구매하는 고객. 반복 구매자라고도 한다.
- 핵심 고객: 지속적으로 자사의 상품을 구입할 뿐만 아니라 다른 사람에게 적극적으로 사용을 권유하여 간접적인 광고 효과를 발생시키는 고객. 충성 고객 또는 옹호자라고도 한다.
- 이탈 고객: 자사 제품을 이용하다가 더 이상 이용하지 않고 타사 제품을 이용하는 고객

06
- 최초 구매자: 기업의 상품이나 서비스를 1회 구입한 고객. 신규 고객이라고도 한다.
- 반복 구매자: 기업의 상품이나 서비스를 2회 이상이나 몇 개월 이상 구입한 고객
- 옹호 고객: 반복적으로 상품을 구입하고 주위의 고객에게 추천하며 기업에 대한 만족도가 높은 고객

07
- 낮은 응답률
- 해명 기회의 부재
- 질문 문항에 대한 단순성 요구

08 마케팅조사 설계 시 사용되는 탐색조사, 기술조사, 인과조사의 예를 하나씩 쓰시오.

09 다음에서 설명하는 것이 무엇인지 쓰시오.

- 사용자가 정보에 직접 접근하여 대화 형태로 정보를 분석하고 의사결정에 활용하는 것을 말한다.
- 수집한 정보를 활용하여 의사결정을 위해 필요한 정보를 추출하기 위해 사용한다.
- 다차원 데이터베이스, 직접 접근 방식, 대화식 분석이라는 특징을 가진다.

10 조사 목적에 따른 마케팅조사의 종류 중 전문가 의견조사, 문헌조사 등이 이루어지는 조사를 쓰시오.

11 탐색조사, 기술조사, 인과조사에 대해 설명하시오.

12 탐색조사의 예를 두 가지 쓰시오.

정답★해설

08 • 탐색조사: 문헌조사
• 기술조사: 서베이(Survey)
• 인과조사: 실험연구

09 OLAP

10 탐색조사

11 • 탐색조사: 마케팅 문제의 정의와 관련변수의 규명 및 가설을 설정하기 위한 조사
• 기술조사: 특정 제품의 잠재수요, 소비자의 태도와 소비실태, 소비자의 인구통계적 특성을 파악하기 위한 조사
• 인과조사: 원인(독립변수)과 결과 간의 관계, 즉 인과관계를 밝히기 위한 조사

12 • 전문가 의견조사
• 사례연구

13 서베이(Survey) 방법의 종류를 두 가지 쓰시오.

14 면접조사의 단점을 다섯 가지 쓰시오.

15 다음에서 설명하는 것이 무엇인지 쓰시오.

- 개인의 정신, 신체, 재산, 지위, 신분 등에 관한 사실을 나타낸 것이다.
- 개인 관련 정보 및 해당 정보에 포함되어 있는 성명, 주민등록번호 등의 내용으로 개인을 식별할 수 있는 정보를 말한다.

16 우편조사의 장점을 세 가지 쓰시오.

17 인터넷조사의 장단점을 각각 세 가지씩 쓰시오.

정답★해설

13
- 우편조사법
- 전화면접법

14
- 응답자가 익명으로 하고자 할 때 부적합하다.
- 방문시간에 제약이 있다.
- 다른 방법보다 시간이 많이 걸린다.
- 면접원 훈련, 교통비, 응답대상 탐색 등에 많은 시간과 비용이 소모된다.
- 면접원을 통제하는 데 어려움이 있다.

15 개인 정보

16
- 조사대상이 다양하다.
- 시간과 비용을 절약할 수 있다.
- 익명성을 가진다.

17
- 장점
  - 시간이 절약된다.
  - 신속하고 비용이 저렴하다.
  - 대규모 조사가 가능하다.
- 단점
  - 인터넷 사용자로 표본이 편중될 수 있다.
  - 조사에 능동적으로 응대하는 사람만 조사가 가능하다.
  - 응답자를 정확하게 통제 · 확인할 수 없다.

18 다음에서 말하는 고객은 무엇인지 쓰시오.

- 조직 내부에 소속되어 있는 직원으로, 가장 먼저 만족시켜야 할 고객이다.
- 직원은 기업이 제공하는 정보를 고객에게 전달하는 전달자 역할도 하며 자사 제품을 소비하는 소비자도 되기 때문에 마케팅의 대상이 되기도 한다.

19 다음에서 말하는 고객은 무엇인지 쓰시오.

- 자사의 제품이나 서비스를 구매한 경험이 없는 사람들 중에서 미래에 자사의 고객이 될 가능성을 가지고 있는 고객이다.
- 이 고객들은 제품이나 서비스를 구매하기 전에 해당 제품이나 서비스에 대한 기대 수준을 설정한다. 만약 제품의 품질이나 가격의 수준이 생각했던 기대 수준보다 높으면 구매하지만 그렇지 않다면 구매하지 않는다.

20 다음은 조사방법의 비교 순서이다. 빈칸 A~F에 알맞은 면접방법을 쓰시오.

- 조사수집의 유연성이 높은 순서: 개인면접 > (A) > (B)
- 질문의 다양성이 높은 순서: (C) > 전화면접 > (D)
- 표본의 통제가 높은 순서: (E) > 전화면접 > (F)
- 조사속도가 빠른 순서: 전화면접 > 개인면접 > 우편면접

21 탐색적 연구와 기술적 연구에 대해 설명하시오.

정답★해설

18 내부 고객

19 잠재 고객

20
- A: 전화면접
- B: 우편면접
- C: 개인면접
- D: 우편면접
- E: 우편면접
- F: 개인면접

21
- 탐색적 연구: 연구 대상에 대한 정보나 현황 등을 대략적으로 파악하는 것을 목적으로 하는 연구를 말한다. 새로운 관심사에 대한 연구, 비교적 잘 알려지지 않은 연구 주제에 대한 연구 등에 사용된다.
- 기술적 연구: 연구 과제의 상황이나 어떤 사상의 속성·특성 등을 범주화해 구체적으로 묘사하거나 계량적인 정보를 있는 그대로 서술한다.

22 전화를 이용한 시장조사 시 유의할 점 네 가지를 쓰시오.

23 개인면접조사의 장단점을 각각 세 가지씩 쓰시오.

24 집단조사의 장점을 세 가지 쓰시오.

25 시장조사에서 탐색조사를 실시하는 목적을 세 가지 쓰시오.

26 전화조사의 단점을 세 가지 쓰시오.

정답★해설

22
- 질문의 수는 많지 않아야 하며, 한 번에 두 개의 질문을 하지 않는다.
- 질문은 짧고 단순하게 구성한다.
- 다지선다형으로 질문할 경우 비슷한 예문으로 인해 혼동되지 않게 해야 한다.
- 알기 쉬운 표현으로 질문해야 하며, 정중하게 말한다.
- 중간에 전화 끊김이나 소음 등으로 인해 방해를 받지 않도록 한다.
- 너무 늦은 시간, 혹은 식사 시간에 전화하지 않는다.

23
- 장점
  - 면접에 협조적이고 회수율이 높다.
  - 응답자에게 질문을 정확하게 할 수 있다.
  - 중요한 정보의 경우 면접자가 질문 사실을 관찰할 수 있다.
- 단점
  - 면접자의 실책이 조사 결과에 영향을 미친다.
  - 개인적 성격의 질문이면 거절하기 쉽다.
  - 원거리 조사의 경우 비용이 많이 든다.

24
- 개인면접조사에 비해 비용이 적게 든다.
- 조사가 간편하고 조사원의 수를 줄일 수 있다.
- 조사의 설명이나 조건을 똑같이 할 수 있어 조사 조건을 표준화할 수 있다.

25
- 통찰력 획득과 시장에 대한 이해를 위해
- 문제의 명확한 규명을 위해
- 전문가로부터 전문적인 의견을 구하기 위해

26
- 상세한 정보의 획득이 어렵다.
- 전화 중단의 문제가 있다.
- 시간 · 공간에 제약이 있다.

27 전화조사의 장점을 세 가지 쓰시오.

28 기업이 고객에게 제공하는 가치 또는 고객이 기업의 수익 창출에 기여하는 가치를 무엇이라고 하는지 쓰시오.

정답★해설

27
- 조사 비용이 저렴하다.
- 조사 기간이 짧다.
- 우편조사보다 응답률이 높다.
- 조사자 통제가 가능하다.

28 고객 가치

제 7 장 고객 지원과 고객관리 실행

01 파레토 법칙이란 무엇인지 쓰시오.

02 기업이 제공하는 제품이나 서비스가 고객의 기대를 최대한 충족하는 것을 무엇이라 하는지 쓰시오.

정답★해설

01 전체 결과의 80%는 20%의 원인에서 비롯된다는 법칙이다. 구성원의 20%가 80%의 업무를 하고 있으며, 상위 20%가 전체 80%의 부를 축적하고 있고, 20%의 소비자가 전체 매출의 80%를 차지하는 현상 등을 말한다.

02 고객 만족(CS; Customer Satisfaction)

03 제품이나 서비스의 품질이 높아도 고객 만족 수준이 낮은 경우는 어떤 경우인지 쓰시오.

04 다음은 고객 만족의 구성 요소에 대한 표이다. 빈칸 A~E에 들어갈 알맞은 말을 〈보기〉에서 찾아 쓰시오.

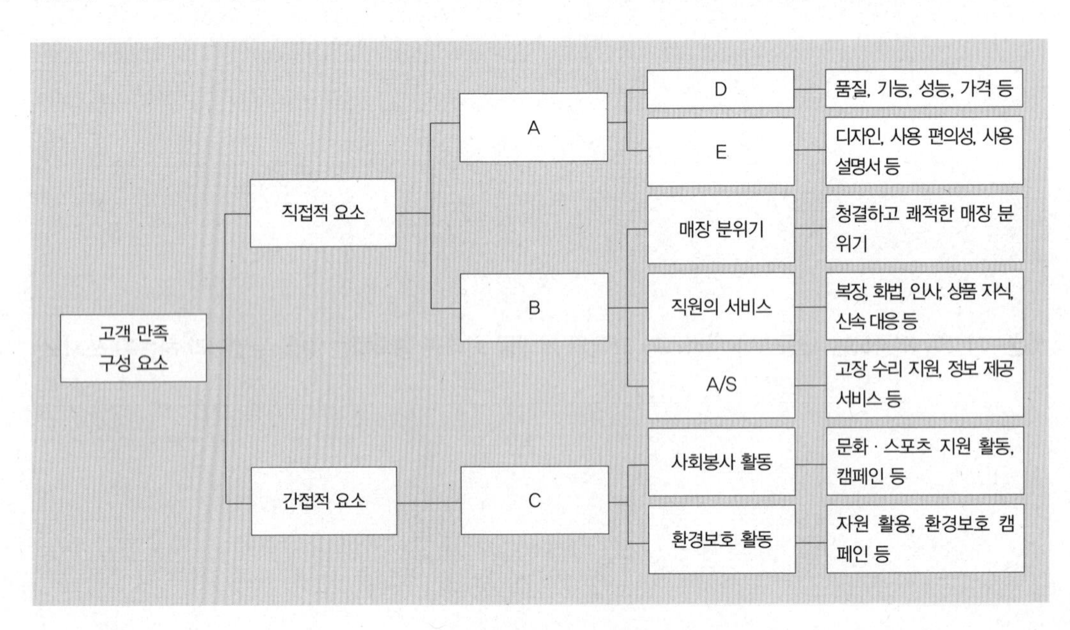

〈보기〉

- 서비스
- 상품
- 하드적 가치
- 기업 이미지
- 소프트적 가치

05 고객 요구사항 관리가 중요한 이유를 세 가지 쓰시오.

정답★해설

03
- 고객들의 기대 수준이 너무 높아서 실질적인 제품 사용의 경험이 고객들의 기대 수준을 따라가기 어려운 경우
- 고객들의 기대 수준은 충족시키지만 고객들의 주관적인 평가 기준이 지나치게 인색한 경우

04
- A: 상품
- B: 서비스
- C: 기업 이미지
- D: 하드적 가치
- E: 소프트적 가치

05
- 고객 요구사항은 기업에게 매우 가치 있는 정보를 제공해 준다.
- 고객 요구사항 관리는 고객 충성도 제고의 수단이 된다.
- 고객 요구사항을 관리하면 부정적 구전의 확산을 방지할 수 있다.

06 고객의 문제로 인해 고객 요구사항이 발생하는 유형을 세 가지 쓰시오.

07 텔레마케팅에서 고객 응대의 세 가지 원칙을 쓰시오.

08 다음은 고객 응대에 대한 설명이다. 빈칸 A와 B에 알맞은 것을 〈보기〉에서 골라 쓰시오.

- 고객 접점에서 발생되는 문제를 해결하기 위하여 고객의 문의에 응대할 수 있다.
- 불만 고객 발생 시 (　A　)에 따라 불만 요소를 처리할 수 있다.
- 고객과의 분쟁 발생 시 유관기관과의 (　B　)을/를 통해 문제를 처리할 수 있다.

〈보기〉

- 교섭
- 고객 응대 매뉴얼
- 서비스

09 텔레마케팅에서 고객 응대의 특징을 세 가지 쓰시오.

정답★해설

06
- 고객의 지나친 기대에 의한 고객 요구
- 고객의 오해에 의한 고객 요구
- 제품이나 서비스에 대한 정보 부족에 의한 고객 요구
- 고객의 부주의에 의한 고객 요구

07
- 신속성
- 공평성
- 고객 중심

08
- A: 고객 응대 매뉴얼
- B: 교섭

09
- 고객과 텔레마케터 간의 쌍방향 커뮤니케이션이 필요하며, 전화를 이용한 비대면 중심의 커뮤니케이션이 이루어진다.
- 언어적 메시지와 비언어적 메시지를 동시에 사용한다.
- 상호거래적이며 피드백이 즉각적이고 직접적이다.

10 다음은 고객 응대 행동의 절차이다. 순서에 맞게 기호를 쓰시오.

- A: 준비 단계
- B: 구체적 설명 단계
- C: 구매 결정 단계
- D: 상품 제시 단계

11 재진술의 효과를 네 가지 쓰시오.

12 다음은 전화 응대 시 기본원칙이다. 빈칸 A~C에 들어갈 알맞은 말을 쓰시오.

(A)	• 전화를 빨리 받는 것이 친절한 응대이다. • 전화벨이 세 번 울리기 전에 받는 것이 좋다. • 시간이 지체되는 경우 중간 보고를 한다.
(B)	• 정확한 업무 내용은 전화 서비스를 완성시킨다. • 제대로 요점이 전달되었는지 확인한다.
(C)	• 친절성은 고객이 가장 기대하는 사항이다. • 음성에만 의존하므로 목소리에 미소를 담는다. • 고객의 요구를 충족시키기 위해 노력하는 모습을 전달한다.

13 다음은 고객 응대의 실패 이유인 무형성, 동시성, 이질성, 소멸성에 대한 내용이다. 빈칸 A~D에 들어갈 알맞은 말을 쓰시오.

(A)	고객의 경험과 기대 간의 차이가 매우 주관적으로 평가될 수 있다.
(B)	전달 과정에서 변동이 있을 수 있다.
(C)	서비스에 대한 수요가 발생하는 시점에서 고객의 요구를 맞출 수 있는 적절한 인력이 배치되지 못할 수 있다.
(D)	고객 응대 서비스는 보관이 불가능하므로 서비스 수용 능력이 소모되는 경우 고객이 서비스를 이용하지 못할 수 있다.

정답★해설

10 A → D → B → C

11
- 고객의 말을 적극적으로 듣고 있다는 신뢰감을 줄 수 있다.
- 고객의 문제(욕구)를 명확하게 이해할 수 있다.
- 상담원이 잘못 이해했던 부분을 발견할 수 있다.
- 고객 스스로 자신이 말한 내용을 탐색하게 할 수 있다.

12
- A: 신속
- B: 정확
- C: 친절

13
- A: 무형성
- B: 이질성
- C: 동시성
- D: 소멸성

14 다음은 고객 응대 시 사용하지 말아야 할 표현과 고쳐 쓸 수 있는 표현이다. 빈칸에 들어갈 알맞은 표현을 쓰시오.

사용하지 말아야 할 표현	고쳐 쓸 수 있는 표현
잘 모릅니다.	제가 알아보겠습니다.
진정하십시오.	죄송합니다.
지금은 바쁩니다.	잠깐만 기다리시면 됩니다.
다시 전화주세요.	제가 다시 전화드리겠습니다.
그건 제 담당이 아닙니다.	( )

15 신중한 고객은 제품이나 서비스에 대해 질문이 많고, 제품을 선택할 때에도 망설임이 많은 편이다. 신중한 고객에 대한 응대 기법을 쓰시오.

16 급한 성격의 고객은 제품이나 서비스에 대한 요구를 많이 하며, 선택을 할 때도 아주 빨리 결정짓는다. 급한 성격의 고객에 대한 응대 기법을 쓰시오.

17 불평 · 불만을 많이 하는 고객은 본인이 주변으로 인해 늘 스트레스와 피해를 받고 있다고 생각하며 잘못 결정할까 봐 쓸 데 없는 걱정을 많이 하는 특성을 가지고 있다. 불평 · 불만을 많이 하는 고객에 대한 응대 기법을 쓰시오.

정답★해설

14 이 일에서 고객님을 도와줄 수 있는 사람을 소개해 드리겠습니다.

15
- 질문에 성의껏 답변하면서 과거 다른 고객의 사례나 반응 등을 예로 들어 설명한다.
- 혼자 생각할 수 있는 시간적 여유를 주고, 고객의 마음이 편하도록 응대한다.

16
- 신속하게 업무를 처리하는 것이 중요하며 동작뿐 아니라 "네, 빨리 처리해 드리겠습니다."와 같은 표현을 하는 것이 좋다.
- 처리가 늦어질 때에는 사유를 분명히 말하고 양해를 구하며 제품 내용이나 서비스에 대해서는 반드시 추가 설명을 한다.

17
- 불만 속의 요구사항을 침착하게 들어줌으로써 불평을 진정시킨다.
- 감정적 표현을 피하고 냉정하게 검토하며 사실 중심으로 명확하게 설명하는 것이 필요하다.

18 불만 고객 처리의 원칙 중 피뢰침의 원칙이 무엇인지 쓰시오.

정답★해설

18 고객은 직원에게 개인적인 감정이 있어서 화를 내는 것이 아니라 일 처리에 대한 불만으로 규정과 제도에 대해 항의하는 것이므로 회사와 조직에 의해 직원이 상처를 입거나 피해를 당하지 않아야 한다는 뜻이다.

제8장 고객 필요정보 제공

01 고객별 특성, 구매 행동의 데이터베이스를 통해 장래의 구매 패턴을 예상하고 고객의 상품 구입의사결정을 강화시키기 위한 마케팅을 무엇이라고 하는가?

02 데이터베이스 마케팅의 중요성을 세 가지 쓰시오.

정답★해설

01 데이터베이스 마케팅

02
- 기존 고객을 적극 활용할 수 있다.
- 신규 사업 진출에 유리하다.
- 고객데이터를 이용하여 고객과의 1:1 관계를 구축할 수 있다.

03 고객 데이터베이스는 크게 고객속성과 거래속성으로 구분된다. 고객속성과 거래속성의 종류를 각각 세 가지 쓰시오.

04 (   )을/를 위해서는 지속적인 가치제공을 통해 잠재 고객을 신규 고객으로, 신규 고객을 일반 고객으로, 일반 고객을 우량 고객으로 전환시키는 등의 방법을 사용할 수 있다. 빈칸에 알맞은 내용을 쓰시오.

05 비차별화 마케팅과 집중화 마케팅의 의미를 설명하시오.

06 대중매체는 불특정 다수인 소비자들에게 상품 또는 서비스에 대한 정보를 공개적으로 전달하는 것이다. 대중매체의 유형에는 어떤 것이 있는지 네 가지를 쓰시오.

07 대중매체의 유형 중 상품의 정보를 인쇄하여 제공하는 매체로 신문, 잡지, 전단지, 팸플릿 등 여러 가지 형태로 제작되는 것은 무엇인지 쓰시오.

정답★해설

03 • 고객속성: 성명, 연령, 주민등록번호
• 거래속성: 구입상품명, 상품금액, 상품색상

04 고객 창출 · 유지

05 • 비차별화 마케팅: 소비자들의 욕구에서 공통적인 부분에 초점을 맞추는 것으로, 하나의 제품이나 서비스를 가지고 세분화되지 않은 전체 시장을 대상으로 마케팅 활동을 수행하는 방법이다.
• 집중화 마케팅: 한 개 또는 몇 개의 시장 부문에서 시장점유를 집중하려는 전략으로, 기업의 자원이 한정되어 있을 때 이용하는 방법이다.

06 • 신문 • 잡지
• 라디오 • 텔레비전
• 옥외 광고 • 인터넷
• SNS

07 인쇄매체

08 대중매체 유형 중 다음과 같은 장단점을 가진 것은 무엇인지 쓰시오.

- 장점: 소리로 정보를 전달하는 수단으로 텔레비전보다 비용이 저렴하고 시각 장애인들에게 유용한 매체이다.
- 단점: 청각적인 표현만 가능하기 때문에 상품의 정보를 상세하게 전달하는 데 부족한 면이 있다.

09 대중매체 유형 중 옥상 및 야외 간판, 광고탑, 네온사인과 같이 야외에 설치된 간판을 말하며, 다른 매체들과 달리 고정된 위치에서 24시간 동안 지속적으로 대중에게 상품의 정보를 노출할 수 있는 매체는 무엇인지 쓰시오.

10 대중매체의 유형 중 인터넷의 장점을 두 가지 쓰시오.

11 대중매체의 유형 중 텔레비전의 장단점을 두 가지씩 쓰시오.

12 광고, 판매촉진, PR 등의 다양한 마케팅 커뮤니케이션 도구들을 효과적으로 결합하여 고객들에게 상품 또는 기업의 일관된 이미지를 제공하는 고객과의 의사소통 방법을 무엇이라고 하는지 쓰시오.

정답★해설

08 라디오

09 옥외 광고

10 • 시간적 · 공간적 제약이 없다.
• 쌍방향으로 소통이 가능하므로 상품 정보 전달의 상호작용이 가능하다.
• 상품에 대한 고객의 반응을 빠르게 알 수 있다.

11 • 장점
– 광범위하게 상품 정보를 전달할 수 있다.
– 생생하고 현실감 있게 상품 정보를 전달할 수 있다.
• 단점
– 비용이 많이 든다.
– 상품의 전달 시간이 짧다.
– 목표 고객을 선별해서 상품 정보를 전달하기가 어렵다.

12 통합 마케팅 커뮤니케이션(IMC; Integrated Marketing Communication)

13 다음 내용에서 설명하는 것은 무엇인지 쓰시오.

- 기업과 고객과의 관계 형성 · 유지 · 강화를 목적으로 하는 마케팅 활동을 의미한다.
- 고객 데이터와 정보를 분석 · 통합하여 개별 고객의 특성에 기초한 마케팅 활동을 계획 · 지원 · 평가하는 과정이다.
- 고객 중심의 데이터베이스를 구축하고 고객의 구매 내역, 제품에 대한 평가 및 만족도 등을 분석하고 고객을 세분화하여 각각의 고객 유형에 맞는 마케팅 전략을 수립할 수 있다.

14 CRM을 통해 기업이 얻을 수 있는 효과를 세 가지 쓰시오.

15 CRM의 목적을 세 가지 쓰시오.

16 CRM의 특징을 세 가지 쓰시오.

정답★해설

13 CRM

14 • 신규 고객을 확보하는 데 소요되는 비용보다 낮은 비용으로 기존 고객을 유지할 수 있다.
• 이탈 고객의 원인을 파악하여 이탈 고객의 수를 감소시킬 수 있다.
• 기존 고객의 정보를 분석하여 잠재 고객의 유형을 파악할 수 있다.
• 고객의 유형을 세분화하여 목표 고객을 설정하는 데 용이하다.
• 기존 제품을 개선하거나 신규 제품을 개발하는 데 고객의 요구를 반영할 수 있다.
• 객관적이고 정확한 통계 분석을 통해 효율적인 마케팅 전략을 수립할 수 있다.

15 • 신규 고객 확보 및 기존 고객 유지를 통한 고객 수 증대
• 고객 가치 증진을 통한 매출 및 고객 충성도 향상
• 고객 운영 비용 효율화를 통한 비용 절감
• 고객 유지 비용의 최적화를 통한 마케팅 비용 효율화 등으로 기업의 수익 증대 및 비용 절감

16 • 고객과의 관계를 관리하는 데에 초점을 맞추는 고객지향적, 고객중심적인 마케팅 전략이다.
• 장기적으로 고객과의 관계를 유지함으로써 지속적인 기업의 이윤을 추구한다.
• 기업과 고객 사이의 신뢰를 쌓고 고객과 평생 동안 거래를 하고자 한다.
• 고객 맞춤형 마케팅 전략을 구사할 수 있다.
• 고객의 요구사항을 자세히 파악할 수 있고 더욱 능동적으로 대처할 수 있다.
• 고객관계관리에 연관된 모든 부분들이 고객관계관리를 수행하는 데 적합하도록 통합되어야 한다.

제 9 장 통신판매 성과관리

01 상사와 부하가 상호 협의하에 공동 목표를 확인하고, 각 개인의 중요한 책임 영역을 각 개인에게 기대되는 성과로 환산하여 확정하고, 이러한 목적을 달성하기 위한 지침을 설정하여 실시하며, 성과를 평가하고 활용하는 과정을 무엇이라고 하는지 쓰시오.

02 목표관리의 효과에는 어떤 것이 있는지 세 가지 쓰시오.

03 조직에서 구성원 개개인에게 주어진 업무를 효과적으로 수행하게 하기 위하여 과업의 목표 달성을 목적으로 평가 목표 또는 지표를 설정하고 평가하여 이에 상응하는 보상을 하는 것을 무엇이라 하는 지 쓰시오.

04 업적평가는 정량적 평가와 정성적 평가로 분류할 수 있다. 다음 내용을 보고 빈칸 A와 B에 들어갈 알맞은 평가를 쓰시오.

- (A)
  - 매출액, 영업이익, 원가절감액, 생산성, 품질 등이다.
  - 평가 기준 설정이 용이하고, 객관적인 평가를 할 수 있다.
- (B)
  - 고객서비스 개선, 경영혁신도, 인력육성 등이다.
  - 평가자에 따라 자의성이 존재하고, 객관성이 낮다는 점에서 유의해야 한다.

정답★해설

01 목표관리(MBO; Management By Objectives)

02 • 목표에 몰입할 수 있다.
• 내적인 동기부여를 할 수 있다.
• 목표관리 시스템을 사용하는 직원들이 심리적 만족감을 느낄 수 있다.

03 업적 평가

04 • A: 정량적 평가
• B: 정성적 평가

05 다음은 업적평가의 과정이다. 빈칸 A~C에 알맞은 내용을 〈보기〉에서 골라 쓰시오.

(A) → 직무요건의 설명 → 업적평가 기준 도출 및 목표 설정 → (B) → 업적평가 실시 → (C)

〈보기〉

• 성과 측정
• 피평가자와 평가 토의
• 구체적인 평가 목표 수립

06 조직구성원의 역량을 측정하기 위해 평가 대상자의 핵심역량을 평가자가 복수의 평가 기법을 활용해서 평가하는 것으로, 조직구성원이 조직의 성과를 올리기 위해 발휘하는 능력을 평가하는 것을 무엇이라 하는지 쓰시오.

07 역량평가의 목적을 쓰시오.

08 다음 설명에서 말하는 것은 무엇인지 쓰시오.

- 1992년 하버드 대학의 교수인 로버트 캐플란(Robert Kaplan)과 컨설턴트인 데이비드 노튼(David Norton)에 의해서 처음 개발되었다.
- 과거 성과에 대한 재무적인 성과지표와 미래성과의 비재무적인 성과지표를 모두 포함하는 성과평가의 시스템이다.
- 이 시스템에서 균형이란 단기적 지표와 장기적 지표, 재무적 지표와 비재무적 지표, 후속지표와 선행지표 간의 균형을 의미한다.

정답★해설

05
- A: 구체적인 평가 목표 수립
- B: 성과 측정
- C: 피평가자와 평가 토의

06 역량평가

07 조직구성원의 자발적인 역량 개발을 유도하고, 전문성을 확보하고, 업무수행과정에서 역량을 적극 발휘하게 하여 조직역량을 향상시키고 조직의 전략목표를 달성하게 하는 것이 목적이다.

08 균형성과표(BSC; Balanced Score Card)

09 다음 내용은 어떤 평가에 대한 설명인지 쓰시오.

- 조직에서 각 직무를 수행하는 조직구성원 개개인에 대한 평가를 말한다.
- 평가 방식에는 업적평가, 역량평가, 다면평가 등이 있다.
- 평가 계획에 따라, 평가 기간 중 발생하는 변동 사항을 반영하여 실적 평가를 수행한다.

10 상대평가와 절대평가를 비교하여 쓰고 예를 한 가지씩 쓰시오.

11 상대평가의 장단점을 하나씩 쓰시오.

12 절대평가의 장단점을 하나씩 쓰시오.

13 다면평가의 장점을 세 가지 쓰시오.

정답★해설

09 개인평가

10 상대평가는 타인과 비교하여 평가하는 방법이고, 절대평가는 기준을 정해 놓고 평가하는 방법이다. 예를 들어 마라톤 선수에게 포상을 준다고 할 때 국내 1위의 선수에게 포상하는 것은 상대평가이고, 일정한 기록 안으로 들어오는 선수에게 포상을 주는 것은 절대평가이다.

11
- 장점
  - 평가 기준이 명확히 설정되어 있지 않을 경우에도 활용이 가능하다.
  - 현실적으로 조직 내 자신의 위치를 파악하는 데 도움을 줄 수 있다.
- 단점
  - 피평가자에게 피드백 시 납득성 문제가 발생할 수 있다.

12
- 장점
  - 평가 기준에 따른 일관성 있는 평가로 납득성이 높다.
  - 피평가자에게 객관적 평가에 따른 장단점을 피드백하여 의욕을 향상시키고 자기 개발을 하도록 유도할 수 있다.
- 단점
  - 평가 기준 설정이 쉽지 않다.
  - 평가 항목 및 내용 설계에 시간과 노력이 많이 필요하다.
  - 보상으로 활용하는 데 한계가 있다.

13
- 편파적인 평가 의견을 견제함으로써 균형 있는 평가가 가능하다.
- 평가자 외의 다른 구성원들에게도 평가 참여 기회를 제공하여 참여감과 조직에 대한 일체감을 증진시킬 수 있다.
- 평가 결과의 익명성으로 인해 평가 대상에 대한 객관성을 제고할 수 있으며, 공정하고 합리적으로 평가할 수 있다.
- 평가 정보의 피드백을 통해 자기 개발에 대해 동기부여를 할 수 있으며, 상급자뿐만 아니라 동료 및 부하 직원, 고객으로부터 인정받고 존경받기 위한 자기 개발을 유도할 수 있다.
- 상하 간, 동료 간, 고객과 조직 간의 의사 교환을 통하여 조직 활성화에 기여할 수 있다.

14 다면평가의 단점을 두 가지 쓰시오.

15 인센티브는 종업원의 어떤 행동을 인정 · 장려함으로써 그 행동을 계속 유지하게 하여 기대한 만큼의 효과를 얻는 것이다. 인센티브 제도는 (A)와/과 (B)(으)로 나뉜다. 빈칸 A와 B에 들어갈 말을 쓰시오. (단, 답안의 순서는 상관없음)

16 콜센터에서 행하는 모니터링의 유형을 네 가지 쓰고 설명하시오.

17 모니터링의 평가 항목을 세 가지 쓰시오.

18 콜센터의 생산성을 향상시킬 수 있는 방안을 세 가지 쓰시오.

정답★해설

14
- 상사의 업무나 성과에 대한 지식이 부하 직원들에게 부족할 경우 공정하고 객관적인 평가가 어렵다.
- 의견이 상충될 때 누구의 의견이 옳은지 판단하기 어렵다.
- 평가 결과에 대한 상사의 보복이 두려워 정확한 평가를 기대할 수 없다.
- 평가에 시간과 비용이 많이 든다.
- 많은 평가 양식을 작성하다 보면 평가 오류에 빠질 수 있고 그 결과 평가의 정확성이 떨어질 수 있다.
- 평가의 주관성이 개입될 수 있는 점이 많다.

15
- A: 물질적 인센티브
- B: 비물질적 인센티브

16
- Self monitoring: 직접 자신의 상담 내용을 듣고 스스로를 평가하고, 개선 여부를 파악하여 정해진 평가표에 평가한다.
- Peer monitoring: 정해진 동료 파트너의 상담 내용을 듣고 장단점을 피드백 및 벤치마킹한다.
- Side by side monitoring: 관리자가 판매상담 직원의 근처에서 상담 내용 및 업무처리 과정, 행동을 직접 관찰하고 즉각적으로 피드백한다.
- Real time monitoring: 판매상담 직원이 모니터링 여부를 모르도록 무작위로 추출된 상담 내용을 듣고 정해진 평가표에 의해 표준화를 평가한다.
- Recording monitoring: 판매상담 직원 모르게 무작위로 추출된 판매상담 내용을 평가자가 녹음하여 평가결과를 해당 직원과 공유할 수 있도록 한다.

17
- 스크립트의 효과적 사용
- 응대의 친절성 및 신속성
- 업무의 정확성

18
- 콜센터 인력(리더 및 상담사 등)에 대한 교육을 강화한다.
- 전반적인 업무 환경(콜센터 환경)을 개선한다.
- 텔레마케터 성과에 대한 인센티브를 강화한다.

19 효과적인 성과관리를 위해 목표를 설정할 때 고려해야 할 사항을 세 가지 쓰시오.

20 모니터링의 목적을 세 가지 쓰시오.

21 성과목표 설정 시 중요한 고려사항으로서 SMART가 의미하는 다섯 가지 요소는 무엇인지 쓰시오.

22 다음에서 설명하는 것이 무엇인지 쓰시오.

> 통화와 관계되는 하드웨어 및 소프트웨어적 통화 수단과 통화 방법의 측정과 평가, 커뮤니케이션의 품격 정도, 내 · 외부 모니터링 실시를 통해 생성되는 통화품질 종합평가와 분석과 관리, 교육 지도, 사후관리를 종합적으로 수행하는 업무를 말한다.

23 매출액과 비용의 차이가 제로(0)가 되는 점을 무엇이라 하는지 쓰시오.

정답★해설

19
- 구체적이고 달성 가능한 것이어야 한다.
- 측정할 수 있어야 한다.
- 일정한 시간 내에 달성 여부를 확인할 수 있어야 한다.

20
- 통화품질 향상
- 상담원의 통화 능력 체크
- 상담원 예절 및 친절성 체크
- 상담원 발음의 정확성 체크
- 상담원 평가를 통한 코칭

21
- S(Specific): 구체적이어야 한다.
- M(Measurable): 측정할 수 있어야 한다.
- A(Attainable): 달성 가능한 지표여야 한다.
- R(Result): 전략 과제를 통해 구체적으로 달성하는 결과물이어야 한다.
- T(Time-bound): 일정한 시간 내에 달성 여부를 확인할 수 있어야 한다.

22 통화품질 관리(QA; Quality Assurance)

23 손익분기점(BEP)

제 10 장 통신판매 조직운영관리

01 인적 자원의 특징을 세 가지 쓰시오.

02 리더십의 필수 요소를 세 가지 쓰시오.

03 리더십의 유형을 의사결정 방식과 태도에 따라 구분할 때 그 종류를 각각 두 가지 쓰시오.

04 다음 내용을 보고 빈칸 A와 B에 들어갈 알맞은 말을 쓰시오.

- (A): 능률적인 직무수행을 위해 직무의 성격, 요구되는 자질, 직무 행동 등 중요 사항을 기록한 것이다.
- (B): 직무와 그에 대한 자격 요건을 개인의 역량에 중점을 두고 일정한 양식으로 정리한 것이다.

정답★해설

01
- 능동성
- 개발 가능성
- 전략적 자원
- 고유 목적성

02
- 장기적인 비전 고수
- 위험의 회피보다 위험의 감수
- 창조적인 도전 중시

03
- 의사결정 방식에 따른 구분
  - 독재형 리더십
  - 민주형 리더십
- 의사결정 태도에 따른 구분
  - 직무 중심형 리더십
  - 인간관계 중심형 리더십

04
- A: 직무기술서
- B: 직무명세서

05 다음에서 말하는 직무평가의 방법은 무엇인지 쓰시오.

- 직무를 상호 비교해 상대적 가치에 따라 점수로 순위를 정하는 방법이다.
- 쉽고 비용이나 시간이 적게 들며 기능별 직무 비교가 가능하나, 직무 수가 많은 큰 조직은 적용하기 어렵다.

06 인력을 모집할 때 내부 모집(사내 모집)의 방법을 두 가지 쓰시오.

07 인적 자원 모집 방법 중에서 채용 담당자가 취업 설명회 · 박람회를 통해 지원자에게 기업 및 자사 제품, 직무 등을 설명하고 가능한 지원자를 적성 검사와 함께 현장에서 면접하여 예비 후보자를 가려내는 방법은 무엇인지 쓰시오.

08 다음에서 설명하는 것은 어떤 인적 자원 모집 방법인지 쓰시오.

- 방학 기간이나 시간제 근무 중인 학생을 임시직으로 고용하고 근무성적이 좋은 사람을 정식으로 고용하는 제도이다.
- 기업은 채용 · 근무 후 결정하여 위험 부담을 줄일 수 있고, 근무자는 기업의 적합성을 따져 정식 고용될 수 있다.
- 기업이 임금을 줄일 목적으로 임시 근무자를 활용하려는 의도를 가질 경우 문제가 될 수 있다.

정답★해설

05 비교법

06
- 사내 공모제도
- 종업원 추천제
- 인력전환배치
- 승진

07 리크루터(Recruiter)

08 인턴십(Internship)

09 다음은 인적 자원 모집의 선발 절차이다. 순서에 맞게 빈칸 A와 B에 들어갈 말을 〈보기〉에서 골라 쓰시오.

서류 전형 → (A) → 선발 면접 → (B) → 신체검사 → 선발 결정 → 채용

〈보기〉

- 경력 조회
- 선발 시험

10 면접을 할 때 면접자가 미리 준비된 질문 항목에 따라 순차적으로 질문하는 방법을 (A)(이)라고 하고, 면접자가 질문을 하면 피면접자가 자유롭게 자신의 의사를 표현하는 방법을 (B)(이)라고 한다. 빈칸 A와 B에 들어갈 말을 쓰시오.

11 표준화 면접의 장단점을 두 가지씩 쓰시오.

12 비표준화 면접의 장단점을 두 가지씩 쓰시오.

정답★해설

09 • A: 선발 시험
• B: 경력 조회

10 • A: 구조적 면접
• B: 비구조적 면접

11 • 장점
- 신뢰도가 높다.
- 반복적인 면접이 가능하다.
- 조사자의 행동이 통일성을 갖게 된다.
- 면접 결과의 수치화가 용이하다.

• 단점
- 면접 상황에 대한 적응도가 낮다.
- 새로운 사실 및 아이디어의 발견 가능성이 낮다.
- 면접의 신축성이 낮아 이미 결정된 질문의 방향 및 그 범위 등을 쉽게 변경할 수 없다.

12 • 장점
- 면접 상황에 대한 적응도가 높다.
- 면접 결과의 타당도가 높다.
- 새로운 사실 및 아이디어의 발견 가능성이 높다.
- 면접의 신축성이 높아 필요한 경우 이미 결정된 질문의 방향 및 그 범위 등을 쉽게 변경하여 처리할 수 있다.

• 단점
- 조사자의 행동에 통일성을 기할 수 없다.
- 반복적인 면접이 불가능하다.
- 면접 결과의 수치화가 어렵다.
- 신뢰도가 낮다.

13 다음 중 대상자에 따라 교육훈련을 분류할 때 신입사원을 대상으로 사용하는 교육훈련을 〈보기〉에서 모두 골라 쓰시오.

〈보기〉

- 멘토 시스템
- 도제훈련
- 실습장훈련
- 강의법
- 전문기관훈련

14 관리자 교육훈련 중 다음 내용에서 설명하는 것은 무엇인지 쓰시오.

- 관리자와 일반 종업원을 대상으로 인간관계에 대한 태도 개선 및 인간관계 기술을 제고시키기 위한 것이다.
- 피교육자는 가장 바람직한 행동을 연기하고 다른 피교육자는 이를 관찰하여 해당 행동을 평가하고 토론을 통해 바람직한 행동을 개발하는 방법이다.

15 임금 체계 중 다음의 내용이 설명하는 임금 체계는 무엇인지 쓰시오.

- 직무의 중요성과 곤란도 등에 따라 각 직무의 상대적 가치를 평가하고, 그 가치에 의거해 임금액을 결정하는 체계이다.
- 동일직무, 동일임금 원리가 적용된다.

16 참가자 수에 따른 면접 유형 중 다음 내용이 설명하는 면접 방법은 무엇인지 쓰시오.

다수의 면접자가 한 사람의 피면접자를 대상으로 집단적인 면접을 하면서 그 사람이 가지고 있는 자질이나 특징을 평가하는 방법으로 전문직이나 경력직 종업원을 선발할 때 사용된다.

정답★해설

13 • 멘토 시스템
 • 강의법

14 역할연기법

15 직무급 체계

16 패널 면접

17 관리자 교육훈련 중 다음 내용에서 설명하는 것은 무엇인지 쓰시오.

> 모의훈련이라고도 하며, 가상의 기업에 대한 다양한 정보를 제공하고 이를 통해 특정한 상황하에서 문제 해결을 위한 의사결정을 내리게 함으로써 의사결정능력을 향상시키는 방법이다.

18 인사평가 시스템의 기준 네 가지를 쓰시오.

19 경력 개발의 기본 원칙 중 다음 내용이 설명하는 것은 무엇인지 〈보기〉에서 찾아 쓰시오.

> 기업 내 경력경로를 구성하는 모든 직무와 직위는 계층적으로 형성되고 규정되어 과학적인 체계를 이루어야 하며, 종업원들이 스스로의 경력경로를 예상하고 준비할 수 있어야 한다.

〈보기〉

- 경력경로의 원칙
- 적재적소 배치의 원칙
- 후진양성의 원칙

정답★해설

17 인바스켓훈련

18 • 타당성 • 신뢰성
• 수용성 • 실용성

19 경력경로의 원칙

20 다음 〈보기〉에서 외부 모집 방법에 해당하는 것을 모두 골라서 쓰시오.

〈보기〉

- 사내 공모제도
- 대학 등 교육기관의 추천
- 자발적 지원
- 인력전환배치
- 채용 알선 전문기업 홈페이지를 활용한 모집

21 인사평가 방법 중 평가 대상자의 성과, 능력 및 태도 등 평가 내용을 비교하여 상대적 순위를 부여하는 방법은 무엇인지 쓰시오.

정답★해설

20 • 대학 등 교육기관의 추천
• 자발적 지원
• 채용 알선 전문기업 홈페이지를 활용한 모집

21 서열법

제 11 장 통신판매 환경 분석

01 다음은 BCG 매트릭스에 대한 설명이다. 빈칸 A와 B에 알맞은 내용을 쓰시오.

> BCG 매트릭스는 자금의 투입, 산출 측면에서 사업이 처해 있는 상황을 파악하여 상황에 맞는 처방을 내리기 위한 분석도구이다. 산업을 점유율과 성장성으로 구분해 네 가지로 분류하였는데 미래가 불투명한 사업을 (A), 점유율과 성장성이 모두 좋은 사업을 스타(Star), 투자에 비해 수익이 월등한 사업을 (B), 점유율과 성장률이 둘 다 낮은 사업을 도그(Dog)로 구분했다.

정답★해설

01
- A: 물음표(Question mark)
- B: 캐시카우(Cash cow)

02 SWOT에 대해 설명하시오.

03 BCG 매트릭스는 성장–점유율 매트릭스라고도 불리며, X축(수평축)을 상대적 (A)(으)로 하고, Y축(수직축)을 (B)(으)로 하여 산업을 점유율과 성장성으로 구분해 네 가지로 분류했다. 빈칸 A와 B에 들어갈 말을 쓰시오.

04 다음은 시장조사의 절차를 나열한 것이다. 빈칸 A와 B에 들어갈 말을 쓰시오.

문제 정의 → (A) → 자료 수집 → (B) → 보고서 작성

05 거시 환경을 분석할 때 분석할 수 있는 환경에는 경제적 환경, 기술적 환경, 문화 · 사회적 환경, 법 · 정치적 환경, 인구통계적 환경이 있다. 다음 요인은 어떤 환경의 분석요인에 해당하는지 쓰시오.

- 연령 구조
- 가족 · 인구 구성
- 교육 수준
- 직종
- 구성인구의 다양성

06 통신판매의 특징을 두 가지 쓰시오.

정답★해설

02 자사 및 경쟁사의 강점(Strength)과 약점(Weakness)을 분석하고 기업 외부에서 일어나고 있는 환경변화를 종합적으로 정리하여 자사가 처한 기회(Opportunity)와 위협(Threat) 요인들을 파악하는 분석 방법이다.

03
- A: 시장 점유율
- B: 시장 성장률

04
- A: 마케팅조사 설계
- B: 자료 분석 및 해석

05 인구통계적 환경

06
- 점포가 필요하지 않다.
- 소비자가 원하는 장소에 직접 배송하는 시스템이다.
- 고객의 변심이나 클레임이 많은 업종이다.
- 개인이나 중소기업이 시장에 진입하기 쉬운 사업이다.

07 다음은 SWOT 분석을 할 때 필요한 내적 요인과 외적 요인에 대한 표이다. 빈칸 A~D에 알맞은 내용을 쓰시오. (단, S, W, O, T 중에서 골라서 쓸 것)

(A)	자사와 자사 제품 · 서비스에 악영향을 주는 외부 환경요인 예 새로운 경쟁기업 출현, 불리한 정책 · 법규 · 제도, 시장 성장률 둔화, 구매자나 공급자의 파워 증대, 무역 규제, 대체상품 개발, 경기 침체 등
(B)	자사와 자사 제품 · 서비스에 좋은 영향을 주는 내부 환경요인 예 유리한 시장 점유율, 높은 생산성, 규모의 경제, CEO의 경영 능력, 독점적 기술, 높은 직무 만족도, 안정적인 공급 채널, 자금조달능력 등
(C)	자사와 자사 제품 · 서비스에 좋은 영향을 주는 외부 환경요인 예 높은 경제 성장률, 시장의 빠른 성장, 새로운 기술의 등장, 경쟁 기업의 쇠퇴, 신시장 등장, 새로운 고객 집단 출현, 유리한 정책 · 법규 · 제도, 낮은 진입 장벽 등
(D)	자사와 자사 제품 · 서비스에 악영향을 주는 내부 환경요인 예 협소한 제품군, 연구 개발 부족, 낮은 광고 효율, 종업원의 고령화, 낙후된 설비, 수익성 저하, 불리한 공장 입지, 브랜드 이미지 악화 등

08 다음 내용에서 설명하는 분석 기법은 무엇인지 쓰시오.

- 대표적인 산업 환경 분석모델이다.
- 이 기법을 통해 해당 기업이 속한 산업이나 시장을 둘러싼 거시적 산업 환경에 영향을 미칠 수 있는 주요 요인들을 도출하고, 내용을 분석함으로써 전략적 의사결정을 위한 정보로 활용하고자 한다.

09 가치사슬 분석은 기업의 활동에서 직접적인 역할을 하는 본원적 활동과 간접적인 역할을 하는 지원 활동으로 구분되는데, (　A　)에는 인적 자원 관리, 연구 개발, 구매조달과 기업의 전반적 운영 관리가 있으며 (　B　)에는 물류투입, 생산운영, 물류산출, 마케팅과 판매, 서비스가 있다. 빈칸 A와 B에 들어갈 말을 쓰시오.

정답★해설

07 • A: T　• B: S　• C: O　• D: W

08 PEST 분석

09 • A: 지원 활동　• B: 본원적 활동

10 다음 내용은 무엇에 대한 설명인지 〈보기〉에서 골라 쓰시오.

- 다섯 가지의 관점에서 현상을 분석하는 기법이다.
- 산업의 다섯 가지 요소가 해당 산업의 수익률을 결정하며, 이들 요소가 많고 세력이 강할수록 해당 산업의 평균 수익률은 낮아진다.

〈보기〉

- 거시 환경 분석
- BCG 매트릭스 분석
- 5 Force model(다섯 가지 경쟁 요인)

11 기업 외부 환경을 분석할 때 기업경영 환경을 시나리오적인 측면에서 가설을 설정하고 해법을 만들어가는 방법은 무엇인지 쓰시오.

12 산업구조를 분석할 때 쓰이는 5 Force model에서 시장의 수익성을 결정짓는 요인을 모두 쓰시오.

13 BCG 매트릭스에서 높은 시장 점유율과 낮은 시장 성장률의 상품이나 사업 영역으로서 낮은 투자, 높은 수익으로 자금 투입보다 자금 산출이 많은 사업은 무엇인지 쓰시오.

정답★해설

10 5 Force Model(다섯 가지 경쟁 요인)

11 시나리오 플래닝

12
- 공급자 교섭력
- 잠재 진입자 위협
- 산업 내 경쟁강도
- 구매자 교섭력
- 대체제의 위협

13 캐시카우(Cash cow)

14 BCG 매트릭스에서 다음 설명에 해당하는 사업은 무엇인지 쓰시오.

- 신규 사업이다.
- 상대적으로 낮은 시장 점유율과 높은 시장 성장률을 가진 사업으로 기업의 행동에 따라서는 차후에 스타(Star) 사업이 되거나, 도그(Dog) 사업으로 전락할 수 있는 위치에 있다.
- 일단 투자하기로 결정한다면 상대적 시장 점유율을 높이기 위해 많은 투자 금액이 필요하다.

15 다음에서 설명하는 것은 무엇에 대한 것인지 쓰시오.

판매자가 우편, 전기통신, 방송 등을 통하여 불특정 다수에게 판매 정보를 제공하고, 소비자에게 청약을 받아 판매를 할 때도 직접 대면하지 않고 우편환, 우편대체, 계좌이체 등의 방법을 이용하는 판매 방법이다.

16 통신판매와 전자상거래의 차이점을 쓰시오.

정답★해설

14 물음표(Question mark)

15 통신판매

16 • 통신판매는 반드시 전자문서로 행해질 필요가 없지만 전자상거래는 반드시 전자문서로 이루어져야 한다.
• 통신판매는 반드시 비대면의 상태에서 이루어져야 하지만 전자상거래는 반드시 비대면일 필요는 없다.

제 12 장 STP 전략 수립

01 제품수명주기를 순서대로 쓰시오.

02 AIO에서 각 요소는 무엇을 뜻하는지 쓰시오.

03 고객 집단별로 차별화된 마케팅을 하기 위한 것으로, 시장을 이질성 정도에 따라 몇 개의 시장으로 구분하여 소비자를 명확하게 분류하고 구분하는 것을 무엇이라고 하는가?

04 포지셔닝 전략의 대표적인 유형을 세 가지 쓰시오.

정답★해설

01 도입기 → 성장기 → 성숙기 → 쇠퇴기

02
- A: Activity(활동)
- I: Interest(관심)
- O: Opinion(의견)

03 시장 세분화

04
- 가격과 제품 속성에 의한 포지셔닝
- 이미지 포지셔닝
- 사용 상황 포지셔닝
- 제품 사용자 포지셔닝
- 경쟁 제품 포지셔닝

05 시장 세분화의 기준 변수 중 지리적 변수에 해당하는 변수를 네 가지 쓰시오.

06 시장 세분화의 기준 변수 중 인구통계적 변수에 해당하는 변수를 네 가지 쓰시오.

07 포지셔닝 전략 수립 시 다음의 각 분석에서 얻을 수 있는 것을 쓰시오.

- 시장 분석
- 경쟁 제품의 포지션 분석
- 자사 제품의 포지션 분석

08 기업이 시장 세분화를 기초로 정해진 목표시장 내 고객들의 마음속에 시장 분석, 고객 분석, 경쟁사 분석 등을 기초로 하여 전략적 위치를 계획하는 것을 뜻하는 용어를 쓰시오.

09 STP 전략의 절차를 쓰시오.

정답★해설

05 • 지역
• 인구밀도
• 도시 규모
• 기후

06 • 나이
• 성별
• 가족 규모
• 학력

07 • 시장 분석: 목표시장 내 소비자를 확인하거나 시장 내 수요의 전반적인 수준 및 추세를 분석하여 세분시장의 크기와 잠재력을 파악할 수 있다.
• 경쟁 제품의 포지션 분석: 경쟁 상표의 이미지와 장단점을 파악하거나 경쟁사의 브랜드 이미지 및 상대적인 위치를 파악할 수 있다.
• 자사 제품의 포지션 분석: 자사 제품의 시장 내 위치를 분석하여 현재 포지션의 장단점과 문제점을 파악하고 경쟁력 강화 방안을 모색할 수 있다.

08 포지셔닝(Positioning)

09 시장 세분화 → 목표시장 선정 → 포지셔닝

10 목표시장을 선정하기 위해 각 세분시장을 평가할 때 고려사항을 세 가지 쓰시오.

11 포지셔닝 전략을 수립할 때 시장 분석에서 얻을 수 있는 정보를 세 가지 쓰시오.

12 다음은 포지셔닝 전략의 수립 절차를 나열한 것이다. 빈칸 A와 B에 알맞은 것을 쓰시오.

(A) → 경쟁 제품의 포지션 분석 → (B) → 포지셔닝 개발 및 실행 → 포지셔닝의 확인 및 재포지셔닝

13 니치(Niche) 마케팅에 관해 쓰시오.

14 기업 내부의 종업원들을 대상으로 하는 내부 마케팅의 필요성에 대해 쓰시오.

정답★해설

10
- 시장 상황
- 경쟁사 상황
- 자사와의 적합성

11
- 소비자의 욕구 및 요구 파악
- 시장 내 수요의 전반적인 수준 및 추세 파악
- 경쟁자 규명

12
- A: 시장 분석(소비자 분석 및 경쟁자 확인)
- B: 자사 제품의 포지션 분석

13 니치란 틈새를 의미하는 말로, 남이 모르는 좋은 낚시터라는 뜻을 가지고 있다. 따라서 니치 마케팅은 기존 시장의 진입이 어렵거나 수익성 개선이 필요할 때 기존의 시장과는 다른 시장에 진입하는 마케팅 전략을 말한다.

14
- 내부 고객(종업원)의 만족 없이 외부 고객의 만족은 불가능하다.
- 종업원은 그들 자체가 서비스이기 때문에 종업원의 마케팅 활동에 따라 매출액이 증대될 수 있다. 또한 종업원은 외부 고객의 눈에 비치는 조직 그 자체이므로 기업의 이미지를 결정한다.

15 소비자의 마음속에 내재해 있는 자사 제품과 경쟁사 제품들의 위치를 2차원 또는 3차원의 도면으로 작성한 것을 뜻하는 용어를 쓰시오.

16 경쟁자의 진입으로 시장 내 차별적 우위의 유지가 힘들게 되었을 경우, 소비자의 취향이나 욕구가 변화된 경우, 수요의 변화 등이 있을 때 필요한 것은 무엇인가?

17 시장 세분화의 장점을 쓰시오.

18 시장 세분화의 기준 변수를 모두 쓰시오.

19 기업이 목표시장을 선정할 때 활용할 수 있는 마케팅 전략을 모두 쓰시오.

정답★해설

15 포지셔닝 맵

16 재포지셔닝

17
- 시장의 세분화를 통하여 마케팅 기회를 탐지할 수 있다.
- 제품 및 마케팅 활동을 목표시장의 요구에 적합하도록 조정할 수 있다.
- 시장 세분화의 반응도에 근거하여 마케팅 자원을 보다 효율적으로 배분할 수 있다.
- 소비자의 다양한 욕구를 충족시켜 매출액의 증대를 꾀할 수 있다.

18
- 지리적 변수
- 인구통계적 변수
- 심리분석적 변수
- 행동분석적 변수

19
- 비차별화 마케팅
- 차별화 마케팅
- 집중화 마케팅

20 다음에서 설명하는 포지셔닝의 유형은 무엇인지 쓰시오.

- 제품이 적절히 사용될 수 있는 상황을 묘사하는 포지셔닝 방법이다.
- 이온음료와 같이 특정 기능을 강조하고자 하는 제품군에서 사용된다.

21 다음에서 설명하는 포지셔닝의 유형은 무엇인지 쓰시오.

소비자의 지각 속에 자리 잡고 있는 경쟁 제품과 묵시적으로 비교함으로써 자기 제품의 편익을 부각시키려는 포지셔닝 방법이다.

22 시장은 세분 정도별로 대량시장, 세분시장, 틈새시장, 개인시장으로 나뉜다. 다음에서 설명하는 것은 어느 시장에 해당되는지 쓰시오.

- 시장 내 소비자들의 욕구가 다양해지면서 기업들은 시장을 자사에 유리하도록 세분화하여 마케팅 프로그램을 제공한다. 자사의 자원과 마케팅 노력을 집중함으로써 그 시장 내에서 경쟁우위를 달성하고자 하는 것이다.
- 예를 들어, 의류 회사가 소비자들의 옷 사용 상황에 따라 정장, 캐주얼, 골프복, 등산복, 스포츠 등으로 제품을 다양화하여 대응하는 것이나 정수기 회사들이 기능에 따라 일반정수기를 냉 · 온수정수기, 얼음정수기, 스파클링정수기 등으로 시장을 나누어 수요에 맞는 제품으로 대응하는 것이다.

23 다음 내용은 목표시장 선정 마케팅 전략 중 어떤 마케팅 전략에 해당하는지 쓰시오.

- 두 개 이상의 시장 부문에 진출할 것을 결정하고 각 시장 부문별로 별개의 제품 또는 마케팅 프로그램을 세우는 것이다.
- 각 시장 부문에서 더 많은 판매고와 확고한 위치를 차지하려고 하며 소비자들에게 제품과 회사의 이미지를 강화하려고 하는 전략이다.

정답★해설

20 사용 상황 포지셔닝

21 경쟁 제품 포지셔닝

22 세분시장

23 차별화 마케팅

24 다음은 시장 세분화의 기준 변수 중 어느 기준 변수에 속하는지 쓰시오.

- 추구하는 편익
- 사용 경험
- 상표 애호도
- 구매 준비 단계
- 사용량

정답★해설

24 행동분석적 변수

제 13 장 마케팅믹스 전략 수립

01 제품 가격에 영향을 미치는 요인을 쓰시오.

02 전속적 유통경로의 정의를 쓰시오.

정답★해설

01 • 내부 환경요인: 자사의 마케팅 전략, 자사의 원가, 자사가 진출한 유통경로, 자사 제품의 품질
• 외부 환경요인: 고객의 가치, 경쟁 환경, 법적 규제

02 제품의 이미지를 유지하고 중간상들의 협조를 얻기 위해 일정 지역 내에서의 독점 판매권을 중간상에게 부여하는 방식의 전략이다.

03 기업이 목표시장에서 바라는 반응을 유도하기 위해 사용하는 통제가 가능한 마케팅 변수들에 해당하는 용어를 쓰시오.

04 광고의 특성 세 가지를 쓰시오.

05 제품수명주기 중 성장기의 특성과 그에 따른 마케팅 전략을 서술하시오.

06 코틀러가 말하는 제품의 세 가지 수준을 쓰시오.

정답★해설

03 마케팅믹스(Marketing mix)

04 • 침투성
• 표현력의 증폭
• 통제성

해설

• 침투성: 광고는 메시지를 반복적으로 전달하여 소비자에게 깊이 침투할 수 있다.
• 표현력의 증폭: 광고는 기업, 기업의 브랜드와 제품을 인쇄물, 음향, 그리고 색채의 교묘한 사용을 통해 각색하는 기회를 제공한다.
• 통제성: 광고주는 커뮤니케이션의 초점을 브랜드와 제품의 어느 측면을 선택할 것인가를 결정한다.

05 • 특성: 시장 수용이 급속하게 이루어져 판매와 이익이 현저히 증가한다.
• 마케팅 전략: 상표 강화를 통해 시장 점유율을 급속히 확대시키는 전략, 자사 제품을 취급하는 점포의 수를 대폭 확대하는 전략, 브랜드 선호를 위한 전략

06 • 핵심 제품
• 실체(유형) 제품
• 확장(포괄) 제품

07 가격 결정 요인은 내부 요인과 외부 요인으로 나누어진다. 다음 〈보기〉에서 외부 요인을 골라 쓰시오.

〈보기〉

- 마케팅 목표
- 수요 상황
- 기업의 가격 정책
- 원가
- 법적 · 제도적 요인
- 마케팅믹스 전략
- 경쟁자의 상황
- 조직의 특성

08 프랜차이즈 시스템의 장점을 본부와 가맹점의 측면에서 각각 설명하시오.

09 기업이 상표 전략을 수립하는 경우 네 가지의 개별 전략을 가지는데, 다음 빈칸 A와 B에 알맞은 것을 쓰시오.

구분	기존 제품	신제품
기존 브랜드	라인(계열) 확장	(B)
신 브랜드	(A)	개별 브랜드

10 소비자가 문제 인식을 하고 그 제품을 선택 · 구매한 이유 등을 마케터가 평가하는 과정은 어떤 단계인가?

정답★해설

07 • 수요 상황
• 법적 · 제도적 요인
• 경쟁자의 상황

08 • 본부: 단기간에 지역별로 비즈니스를 확장할 수 있다.
• 가맹점: 브랜드 인지도와 마케팅 지원을 하는 프랜차이즈를 통해 단기간에 매출을 확보하기 쉽다. 같은 상권에서 동일 제품의 경쟁을 피할 수 있다.

09 • A: 복수 브랜드
• B: 브랜드 확장

10 구매 후 평가

11 소비자가 구매를 결정하기까지의 일반적인 반응순서를 쓰시오. (단, 네 단계로 쓸 것)

12 자사의 제품을 적당한 장소에서 소비자가 편리하게 구매할 수 있도록 서비스 체계를 갖춘다는 의미의 마케팅 요소를 쓰시오.

13 묶음가격의 장점을 기업과 소비자의 측면에서 각각 설명하시오.

14 소비자의 구매의사결정 과정 중 이 단계에서 마케터는 소비자의 욕구를 불러일으키는 것이 무엇이며, 구매결정까지의 단계로 가게 만드는 원인을 연구해야 한다. 이는 어떤 단계에 대한 설명인가?

15 다른 마케팅믹스와 비교하여 가격이 가지는 특징을 세 가지 쓰시오.

정답★해설

11 주목(A) → 흥미유발(Ⅰ) → 욕구(D) → 행동(A)

12 Place(유통)

13 • 기업 측면: 핵심 제품 또는 서비스에 대한 수요를 증대시킬 수 있다.
• 소비자 측면: 묶음 제품을 구입하는 것이 단일품목을 구매할 때보다 값이 저렴하다.

14 대안의 평가

15 • 마케팅믹스 중 가장 강력한 경쟁도구이다.
• 수요가 탄력적인 시장 상황에서 가장 쉽게 변경될 수 있는 요인이다.
• 수요와 공급에 따른 탄력성이 가장 크다.

16 다음은 제품수명주기 중 어떤 시기를 의미하는가?

- 많은 잠재 고객 혹은 참가자가 이미 그 제품이나 프로그램을 구매했을 뿐 아니라 경쟁이 높아져서 증가율이 떨어지는 시기
- 목표로 하는 시장을 수정하거나 새로운 제품을 개발하는 마케팅믹스 전략이 요구되는 시기

17 다음은 제품수명주기 중 어떤 시기를 의미하는가?

- 제품이 확대되고 브랜드 선호의 개발이 이루어지는 시기
- 시장 수용이 급속하게 이루어져 판매와 이익이 현저히 증가하는 시기

18 푸시(Push) 전략과 풀(Pull) 전략에 대하여 설명하시오.

19 다이렉트 마케팅에 대해 설명하시오.

정답★해설

16 성숙기

17 성장기

18 • 푸시 전략: 기업이 중간상인이나 판매자들을 대상으로 소비자들에게 판매를 권유하는 적극적인 마케팅 전략이다. 아웃바운드 텔레마케팅의 마케팅 전략으로, 길거리 신용카드 판촉이나 화장품 방문판매 등을 예로 들 수 있다.
• 풀 전략: 푸시 전략의 반대 개념으로 소비자가 기업의 상품(서비스)을 요구하게 하는 전략이다. 인바운드 텔레마케팅의 마케팅 전략으로, 소비자가 홈쇼핑을 보고 직접 전화하여 구매를 희망하는 경우를 예로 들 수 있다.

19 고객에게 직접 접근하여 고객으로부터 반응을 얻어내어 판매 활동이 일어나는 마케팅 기법으로, 여러 광고 매체의 사용에 따른 지출 규모와 마케팅 결과를 측정하고 분석할 수 있다. 다이렉트 메일을 포함하여 카탈로그, 텔레마케팅, TV 등 다양한 매체를 이용한 무점포 판매 방식 등을 포함하는 개념이다.

20 모회사나 본부가 특정 지역에서 일정 기간 동안 자신들의 제품 · 서비스 · 상표 · 노하우 및 기타 기업 운영 방식을 사용하여 영업할 수 있는 권리나 특권을 부여하고 그 대가로 로열티를 받는 시스템을 뜻하는 용어를 쓰시오.

21 소매점 중 무점포 형식에는 어떤 것이 있는지를 네 가지 쓰시오.

22 소매상이 소비자에게 제공하는 기능을 네 가지 쓰시오.

23 소비자의 구매의사결정 과정을 5단계로 나누어 순서대로 나열하시오.

24 소비재 유형별로 소비자 구매행동의 특성을 각각 두 가지씩 쓰시오.

정답★해설

20 프랜차이즈 시스템(Franchise system)

21
- 방문 판매
- 텔레마케팅
- 자동 판매기
- 홈쇼핑

22
- 올바른 상품을 제공하는 기능
- 적절한 상품을 갖추는 기능
- 필요한 상품의 재고를 유지하는 기능
- 상품 · 유행 · 생활정보를 제공하는 기능

23 문제 인식 → 정보 탐색 → 대안의 평가 → 구매 → 구매 후 평가

24
- 편의품
  - 생활필수품의 성향이 강한 상품이어서 구매빈도가 높다.
  - 습관적 구매로 상품 애호도는 높으나, 원하는 상품이 없을 때 대체품을 구매하는 편이다.
- 선매품
  - 제품에 대한 지식이 부족하여 구매 전에 여러 상품을 비교해서 구매하는 성향이 높다.
  - 소비자의 취향에 적합한 상품을 구매하고자 하는 욕구가 강한 제품이어서 관여도가 높다.
- 전문품
  - 상표나 제품의 특징이 뚜렷하여 구매 전 지식이 많고 브랜드 선호가 분명하다.
  - 원하는 상품이 없으면 대체품을 구매하지 않고, 원하는 제품을 구매하기 위해 기다리기도 한다.

25 구매의사결정 요인 중 심리적 요인을 네 가지 쓰시오.

26 기업이 한 개의 시장 또는 여러 세분시장에 대한 가격 세분화 전략을 실행하기 위한 기준을 쓰시오.

27 제품 유통경로 중 다이렉트 마케팅의 유형을 네 가지 쓰시오.

28 평균 재고 판매액이 일정 기간 동안 회전해서 판매액을 형성하는 회전도수, 즉 연간 매출액을 평균 상품 재고액으로 나눈 것을 무엇이라 하는가?

29 수신인은 메시지를 받고 나서 어떤 반응을 보일 뿐만 아니라 자신의 반응 일부를 발신인에게 다시 보내기도 하는데, 이 과정을 무엇이라고 하는가?

정답★해설

25
- 동기
- 지각
- 학습
- 신념과 태도

26
- 경쟁사들이 더 낮은 가격으로 판매할 수 없어야 한다.
- 세분된 시장별 수요의 강도가 달라야 한다.
- 가격 세분화로 인한 수익이 비용보다 커야 한다.
- 정부의 규제(법적 · 제도적인 요인)에 따르며 불법적인 형태가 아니어야 한다.
- 세분시장에서 저가격에 사서 다른 곳에서 고가격에 판매할 수 없어야 한다.
- 가격 세분화로 인해 고객의 불만족한 감정이 유발되지 않아야 한다.

27
- 텔레마케팅
- 카탈로그
- 인터넷쇼핑몰(전자상거래)
- TV

28 상품회전율

29 피드백(Feedback)

30 커뮤니케이션 경로에는 인적 경로와 비인적 경로가 있으며, 인적 경로는 영업 부서 또는 영업 요원이 소매 경로에서 직접 접촉하는 것을 말한다. 비인적 경로에는 어떤 것이 있는지 쓰시오.

31 서비스의 특성인 무형성, 소멸성, 동시성, 이질성이 무엇인지 쓰시오.

32 고객의 구매의사결정이 어려운 이유를 세 가지 쓰시오.

33 서비스 품질의 측정도구(SERVQUAL)에 대한 설명이다. 빈칸 A~C에 알맞은 말을 쓰시오.

- (A): 약속한 서비스를 믿게 하며 정확하게 제공하는 능력
- 응대성(대응성): 기꺼이 고객을 돕고 신속한 서비스를 제공하는 능력
- 유형성: 시설, 장비, 사람, 커뮤니케이션 도구 등을 포함
- (B): 서비스 제공자들의 지식, 예절, 믿음, 신뢰를 전달하는 능력
- (C): 고객에게 개인적인 배려를 제공하는 능력

정답★해설

30
- 매스미디어(TV, 신문, 라디오, 잡지 등)
- 인터넷

31
- 무형성: 서비스는 형태가 없는 무형의 상품으로, 객관적으로 볼 수 없는 형태로 되어 있기 때문에 측정하기가 매우 어렵다.
- 소멸성: 서비스는 생산과 동시에 소멸되는 성격을 가지고 있다.
- 동시성: 서비스는 생산과 소비가 동시에 이루어진다.
- 이질성: 서비스를 제공하는 장소, 인적 자원에 따라 서비스를 제공하는 질이 달라진다.

32
- 제품의 다양성, 기술의 진보, 시장 구조 변화 등으로 구매활동이 복잡하고 선택할 상품이 많기 때문이다.
- 현대인은 바빠서 합리적인 소비 활동을 할 시간이 제한되기 때문이다.
- 동일 상품이라도 다양한 가격 형태를 보이고 있어 소비자는 구매 활동에 상당한 노력과 시간을 소비해야 하기 때문이다.

33
- A: 신뢰성
- B: 확신성
- C: 공감성

34 서비스의 특징 중 무형성으로 인한 마케팅상의 문제점을 쓰고 무형성 해소를 위한 방안을 두 가지 쓰시오.

35 기업이나 조직이 소비자에게 무형으로 제공하는 것으로 생산과 소비가 동시에 이루어지는 것을 무엇이라 고 하는가?

36 서비스 품질 측정 척도인 SERVQUAL의 다섯 가지 기준 중 빈칸 A와 B에 들어갈 용어를 쓰시오. (단, 답안 순서는 상관 없음)

- (A)
- 확신성
- 신뢰성
- 공감성
- (B)

정답★해설

34 • 문제점: 서비스는 보이지도 않고 만질 수도 없기 때문에 서비스를 경험하기 전에는 속성을 알 수 없어 서비스를 선택하고 대안들을 평가하는 데 많은 어려움을 겪는다.
• 해소 방안
– 서비스를 제공하는 기업에서는 서비스가 제공되는 장소나 직원들과 같은 유형적인 특성을 최대한 활용하여 자사의 서비스가 우수함을 알린다.
– 서비스와 관련된 물적 증거나 유형적인 단서를 강조한다.

35 서비스

36 • A: 응대성
• B: 유형성

PART 3
기출동형모의고사

제1회 모의고사

제2회 모의고사

제3회 모의고사

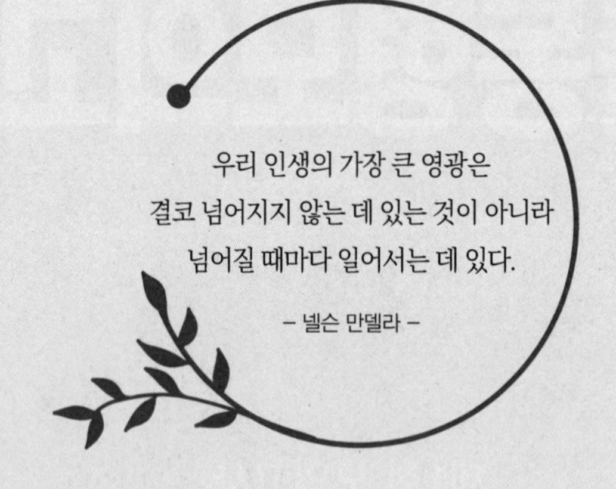
우리 인생의 가장 큰 영광은
결코 넘어지지 않는 데 있는 것이 아니라
넘어질 때마다 일어서는 데 있다.
– 넬슨 만델라 –

제 1 회 모의고사

01 데이터베이스 마케팅의 장점을 세 가지 쓰시오.

02 2차 자료(기존 자료)의 장단점을 각각 두 가지씩 쓰시오.

03 시장 세분화의 목적을 다섯 가지 쓰시오.

04 다음 빈칸 A와 B에 들어갈 말을 순서대로 쓰시오.

> 응답자가 주관식으로 답변을 할 수 있는 질문 기법으로 고객이 자유롭게 본인의 의견을 답변할 수 있는 것은 (A) 질문이며, 응답자에게 한정된 내용을 질문하고 응답자는 한정된 내용 속에서 답변을 선택하는 것은 (B) 질문이다.

05 인바운드 텔레마케팅의 적용 분야 중 판매 분야에는 어떤 것이 있는지 세 가지를 쓰시오.

06 다음은 소비자의 구매 습관에 따라 소비재를 분류한 것이다. 빈칸 A~C에 알맞은 소비재를 쓰시오.

- (A): 제품에 대하여 완전한 지식이 있으므로 최소한의 노력으로 빠르고 쉽게 적합한 제품을 구매하며 강한 상품 애호도를 가지는 제품
- (B): 제품을 구매하기 전에 가격, 품질, 형태, 욕구 등에 대한 적합성을 충분히 비교하여 선별적으로 구매하는 제품으로 편의품에 비해 구매단가가 높고 구매횟수가 적은 제품
- (C): 제품이 가지고 있는 전문성이나 독특한 성격 때문에 대체품이 존재하지 않으며 브랜드 인지도가 높은 제품

07 탐색조사를 실시하는 이유를 세 가지 쓰시오.

08 차별화 마케팅과 비차별화 마케팅에 관해 설명하시오.

09 제품수명주기 중 성숙기에 대한 특성과 그에 따른 마케팅 전략을 서술하시오.

10 마케팅 전략 중 촉진 전략의 주요 수단을 네 가지 쓰시오.

11 고객 불만 응대 시 기대 효과를 세 가지 쓰시오.

12 다음은 콜센터 BSC 관점의 지표군이다. 빈칸 A와 B에 들어갈 말을 쓰시오.

관점	목표	지표
(A)	생산성 향상	서비스 레벨, 스케줄 준수율, 응대율, 포기율 등
	수익 향상	주문 성공 접수율, 평균 단가, 시간당 판매액 등
	원가 및 비용 절감	접촉당 평균 비용, 평균 통화건당 소요 비용 등
고객 관점	고객 만족도	콜센터 연결 신속성, 상담 내용 만족도, 서비스 이용 만족도 등
(B)	고객 유지 및 관리	해피콜 수, 고객유지율, 이탈 고객 대상 추가권유 여부 등
	조직 구성 및 채널의 다양성	상담 인력 및 조직 인력(스텝 포함)의 적정성, 각 팀 인원 구성 및 배치의 적정성 등
	보고 및 업무 처리	보고서 및 내용의 적정성, 보고서의 객관성 및 업무 활용도 등
	통화품질 관리	QA 평가표의 적정성, QA 및 코칭에 대한 상담원 만족도 등
성장과 학습 관점	인적 자원 관리	상담원 만족도, 상담원 이직률 등
	시스템 및 정보 활용	콜센터 시스템에 대한 내부 고객 만족도, 콜 분석에 대한 전산 및 시스템 반영 정도 등
	커뮤니케이션	팀워크 형성을 위한 활동 정도, 문제 해결을 위한 상담원의 권한 위임 정도 등

13 교육훈련에 대해 쓰시오.

14 다음 설명이 뜻하는 용어를 쓰시오.

일정한 기준에 따라 피면접자를 10명 안팎으로 선발해 면접자의 진행하에 조사목적과 관련된 좌담회를 한다. 면접자가 대화의 주제를 자연스레 원하는 방향으로 유도하고, 주목할 만한 발언에 대해서는 심도 있게 다룰 수 있는 숙련된 기술을 가지고 있어야 좋은 품질의 조사결과를 얻을 수 있다.

15 다음은 포지셔닝의 수립 절차이다. 빈칸 A와 B에 들어갈 내용을 쓰시오.

시장 분석(소비자 분석 및 경쟁자 확인) → (A) → 자사 제품의 포지션 분석 → 포지셔닝 개발 및 실행 → 포지셔닝의 확인 및 (B)

16 고객센터의 통화품질을 향상시키기 위하여 고객과 텔레마케터 간 실제 통화 내용의 샘플을 듣는 것을 뜻하는 용어를 쓰시오.

17 고객 불평 · 불만 처리방법 중 MTP법에 대해 설명하시오.

18 다음은 시장 세분화의 기준 변수 중 어느 변수에 속하는지 쓰시오.

- 지역
- 인구 밀도
- 도시의 규모
- 기후

19 공감적 경청 기법의 표현 방법에는 공감, 재진술, 요약, 환언이 있다. 다음 내용을 보고 빈칸 A~D에 들어갈 알맞은 표현 방법을 쓰시오.

- (A): 상대방과 대화 내용을 요약 · 정리하여 논의를 발전시킨다.
  예 "말씀하신 것을 요약하면 …이군요."
- (B): 상대방이 했던 말을 다시 함으로써 말을 재점검하는 기회로 삼는다.
  예 "당신은 …라고 말씀하셨지요."
- (C): 다른 사람의 감정에 대하여 자신이 느끼는 바를 나타낸다.
  예 "아, 그 문제에 관해 …하게 느낀다는 말씀이지요."
- (D): 상대가 말한 것을 자신의 말로 바꾸어 말한다.
  예 "…하다는 뜻이군요. 맞습니까?"

20 파레토 법칙이 무엇인지 쓰고, 파레토 법칙이 적용된 마케팅을 하나 쓰시오.

21 마케팅믹스의 4p에는 무엇이 있는지 쓰시오.

22 교차판매(Cross-selling)과 격상판매(Up-selling)에 대해 설명하시오.

23 유통경로 중 다음에서 설명하는 것은 무엇인지 쓰시오.

- 자사의 제품을 누구나 취급할 수 있도록 개방하는 유통경로이다.
- 스낵, 음료수, 신문, 캔디, 껌과 일상 생활용품이나 타이어처럼 소비자들이 자주 구매하는 곳에서 취급하도록 한다.

24 다음과 같은 대응 전략을 사용해야 하는 고객의 유형은 무엇인지 쓰시오.

- 고객의 빠른 니즈 파악이 중요하다. 무엇을 원하는지, 무엇이 그들을 자극하고 동기화시키는지 발견하고 통제하여야 하며, 고객의 니즈에 초점을 맞추어야 한다.
- 변명은 절대 하지 말아야 하며, 결과 중심적으로 해결안을 제시한다.
- 고객 질문에 간결하고, 직접적으로 대답한다.
- 말하기를 좋아하는 고객이니 충분히 말할 수 있도록 기회를 제공한다.
- 고객과 상담 전에 필요한 정보와 양식, 세부적인 사항 등을 준비한다.

25 개방형 질문과 폐쇄형 질문의 예시를 각각 하나씩 쓰시오. (단, 문장은 '고객님,'으로 시작할 것)

제 1 회 정답 및 해설

01

- 신규사업 진출에 유리하며 기존 고객 중 우수 고객을 발굴할 수 있다.
- 텔레마케팅과 같은 다양한 마케팅 기법을 활용한다.
- 고객지향적인 마케팅을 구사한다.

02

- 장점
  - 시간과 비용을 절약할 수 있다.
  - 수집 과정이 용이하다.
- 단점
  - 자료를 수집한 목적이 달라 자료의 유용성 및 실효성이 제한될 수 있다.
  - 의사결정에서 요구하는 대로 정리되어 있지 않은 경우가 많아 자료의 적합성, 타당성, 신뢰성 등을 신중하게 검토해야 한다.

03

- 고객 집단별로 차별화된 마케팅을 하기 위해서
- 고객관리 측면에서 경쟁우위를 확보하기 위해서
- 새로운 마케팅 기회를 효과적으로 포착하기 위해서
- 고객과 기업 간의 우호적인 관계를 유지하기 위해서
- 마케팅믹스를 정밀하게 조정하기 위해서

04

- A: 개방형
- B: 폐쇄형

05

- 홈쇼핑 및 카탈로그: 주문 접수, 추가 접수, 상품 문의 등
- 금융: 금융상품 상담 및 가입, 카드 발급 문의 등
- 통신: 통신사 신규 가입, 부가서비스 가입 등

06

- A: 편의품
- B: 선매품
- C: 전문품

07

- 통찰력 획득과 시장에 대한 이해를 위해
- 문제의 명확한 규명을 위해
- 전문가로부터 전문적인 의견을 구하기 위해

08

- 차별화 마케팅: 두 개 혹은 그 이상의 시장 부문에 진출할 것을 결정하고 각 시장 부문별로 별개의 제품 또는 마케팅 프로그램을 세우는 전략이다.
- 비차별화 마케팅: 대량 마케팅이라고도 하며, 기업이 하나의 제품이나 서비스를 가지고 시장 전체에 진출하여 가능한 한 다수의 고객을 유치하려는 전략이다.

09

- 특성: 판매가 절정에 이르며 매우 강력한 경쟁이 나타나고 경쟁력이 약한 기업은 도태된다.
- 마케팅 전략: 시장 점유율 방어와 이윤 유지, 상표 재활성화, 경쟁사 대응에 대한 방어적 가격, 광범위한 유통망 구축

10

- 광고
- 홍보
- 인적 판매
- 판매촉진

11
- 제품이나 서비스의 문제점을 조기에 발견하여 문제가 확산되기 전에 신속히 처리할 수 있다.
- 고객이 부정적 경험을 지인에게 확산시키는 것을 막아 기업 이미지에 주는 타격을 줄일 수 있다.
- 제품에 대한 불편 사항을 개선해 새로운 제품을 탄생시킬 수 있는 아이디어를 얻을 수 있다.
- 고객 불만을 만족스럽게 처리한 경우, 고객과의 관계를 강화하고 충성도를 높일 기회를 얻을 수 있다.

12
- A: 재무적 관점
- B: 내부 프로세스 관점

13
교육과 훈련을 통해 종업원의 정신적 · 육체적 능력과 성과창출 의지 및 태도를 향상시키는 활동을 의미한다. 궁극적인 목적은 기업의 목표 달성을 위해 조직구성원으로 하여금 필요한 지식과 기술을 습득하게 하는 것과 종업원의 능력 개발이 성과 향상으로 이어지게 하는 것이다.

14
FGI(Focus Group Interview, 표적집단면접, 집단심층면접, 초점집단면접)

15
- A: 경쟁 제품의 포지션 분석
- B: 재포지셔닝

16
모니터링

17
고객의 불평 · 불만을 처리할 때 문제가 복잡하고 쉽게 해결되지 않으면 Man(사람), Time(시간), Place(장소)를 바꾸어 접근하는 방법이다.

18
지리적 변수

19
- A: 요약
- B: 재진술
- C: 공감
- D: 환언

20
'전체 결과의 80%는 20%의 원인에서 비롯된다'는 의미로, 중요한 문제를 먼저 해결하자는 기본적인 상식에 기초를 둔다. 파레토 법칙이 적용된 마케팅으로는 VIP 마케팅이 있다.

21
- Product(제품)
- Place(유통)
- Promotion(촉진)
- Price(가격)

22
- 교차판매: 하나의 제품이나 서비스 제공 과정에서 고객이 구매하는 상품과 유사한 성질의 다른 제품이나 서비스에 대해 판매를 촉진하는 마케팅 기법으로, 추가 구입을 유도하는 판매 방법이다.
- 격상판매: 고객이 어떤 상품 또는 서비스를 구매할 때 업그레이드된 상품 또는 서비스를 권유하여 매출액을 증대시키는 판매 방법이다.

23
개방적 유통경로

24
단호한 유형

25
- 개방형 질문: 고객님, 어떤 형태의 제품을 찾고 계십니까?
- 폐쇄형 질문: 고객님, 저희 제품을 사용해 보신 적이 있으십니까?

제 2 회 모의고사

01 다음 설명이 뜻하는 용어를 쓰시오.

> 한 고객이 특정 기업의 상품이나 서비스를 최초 구매하는 시점부터 마지막으로 구매할 것이라고 예상되는 시점까지의 누적액의 평가를 뜻한다. 고객과의 장기적인 관계 구축을 통해 고객의 가치를 극대화하고, 수익성을 높일 수 있는 CRM과 가장 관계가 깊다.

02 시장 세분화의 기준 변수 중 심리분석적 변수에 해당하는 것을 네 가지 쓰시오.

03 가격 결정에 영향을 미치는 요인 중 내부 요인과 외부 요인을 각각 세 가지 쓰시오.

04 생산과 수요에 따른 가격 전략의 형태 중 저가 전략이 필요한 시기를 세 가지 쓰시오.

05 다음은 어느 인사평가 방법에 대한 설명이다. 어떤 인사평가에 대한 내용인지 쓰시오.

- 정의: 직속상사뿐만 아니라 동료, 부하 직원, 고객 등 여러 사람이 여러 각도에서 평가하는 것을 의미한다.
- 목적
  - 부서 간의 커뮤니케이션을 통해 조직 활성화를 도모
  - 평가 결과를 통해 부하 직원이나 동료로부터 자신의 장단점을 피드백받아 자기역량 강화에 도움
  - 평가 과정에 부하 직원이나 동료가 함께 참여함으로써 직속상사나 부하 직원을 일방적으로 평가하는 데서 나타날 수 있는 부작용 최소화 및 평가의 납득성 제고

06 고객 로열티에 대한 정의를 쓰시오.

07 AIDA 이론에 대해 설명하시오.

08 다음이 설명하고 있는 시장 커버리지 전략을 쓰시오.

큰 시장에서 낮은 점유율을 유지하는 대신에 자신에게 가장 알맞은 하나 혹은 몇 개의 시장을 선택한 후 이 시장에 집중함으로써 보다 높은 점유율을 확보하는 데 유용한 전략이다.

09 기업이 시장에서 재포지셔닝을 검토하는 경우를 다섯 가지 쓰시오.

10 다음의 말을 쿠션 화법과 레어드 화법을 사용하여 바꾸시오.

방문하세요.

11 다음은 아웃바운드 상담의 흐름을 순서대로 나열한 것이다. 빈칸 A와 B에 들어갈 알맞은 말을 쓰시오.

첫인사 및 자기소개 → 상대방 확인 및 전화 양해 → (A) → 정보 수집 및 니즈 탐색 → 상품, 서비스 제안(반론극복) → (B) → 종결

12 직무평가 방법 중 다음이 설명하는 것은 무엇인지 쓰시오.

- 직무 가치를 점수로 나타내 평가하는 방법으로 가장 많이 사용된다.
- 평가척도 산정이 쉽고 다양한 요소에 대한 평가가 가능하며 평가 결과에 대한 신뢰성이 높다는 장점이 있으나, 모든 직무에 점수 배점을 정확하게 적용하기 어렵고, 시간과 비용이 많이 소요된다.

13 다음 설명과 관련 있는 평가 방법은 무엇인지 쓰시오.

- 품질, 태도 등과 같이 계수화하기 어려운 평가를 말한다.
- 평가 시 고려요소: 활용성, 유용성, 창의성, 혁신성, 실행 가능성, 성실성, 준수도 등
- 다섯 가지 척도: 매우 미흡(부족), 미흡(부족), 보통, 우수, 탁월

14 개방형 질문의 장점을 세 가지 쓰시오.

15 다음은 어떤 유형의 고객에 대한 특성인지 쓰시오.

- 화가 나는 상황에도 불평 없이 한참 동안 기다린다.
- 관계 중심적인 1:1 또는 소규모 집단을 선호한다.
- 자신의 의견을 말하기보다는 주로 듣고 관찰하며, 질문을 한다.
- 자신의 질문에 대한 구체적이고 완전한 설명을 원한다.

16 다음 〈보기〉의 화법에서 고객과 상담 시 사용해야 할 화법을 골라 쓰시오.

〈보기〉

- I–message
- You–message
- Do–message
- Be–message

17 외부에서 걸려온 전화번호를 추적한 후 호스트의 고객 마스터 파일에서 해당 고객을 조회하여 상담원에게 음성과 해당 고객정보를 동시에 호전환시켜주는 시스템을 뜻하는 용어를 쓰시오.

18 호기심이 많은 유형의 고객을 상담하는 전략을 세 가지 쓰시오.

19 CRM의 특징을 다섯 가지 쓰시오.

20 다음은 소비재에 대한 표이다. 빈칸 A~C에 들어갈 내용을 쓰시오.

항목	편의품	선매품	(A)
구매 전 지식	많음	적음	많음
구매 노력과 시간	(B)	보통(적음)	많음
대체 제품 수용도	많음	보통	적음
구매 정보 탐색 정도	적음	(C)	적음
가격	대체로 낮음	높음	아주 높음
구매빈도	높음	보통	낮음

21 가격 세분화의 전제 조건을 세 가지 쓰시오.

22 다음 내용은 무엇에 대한 설명인지 쓰시오.

- 데이터 웨어하우스를 구축한 다음 정보 분석 과정을 거쳐 경영 전략을 지원하는 정보를 추출하는 것이다.
- 일종의 데이터 분석 기법으로, 축적된 고객 관련 데이터에 숨겨진 규칙이나 패턴을 찾아낸다.
- 대용량의 데이터베이스로부터 용이하고 효율적으로 유용한 비즈니스 정보를 추출할 수 있도록 해 준다.

23 다음에서 설명하는 자료는 무엇인지 쓰시오.

- 문제 해결을 위해 조사자가 직접 수집하는 자료이다.
- 시장 결정, 표적 고객의 결정, 의사결정 등 기업의 마케팅 목적을 위해 적절하게 이용할 수 있다.

24 면접조사의 장점을 세 가지 쓰시오.

25 제품수명주기 중 도입기와 쇠퇴기에 대한 특성과 그에 따른 마케팅 전략을 서술하시오.

제 2 회 정답 및 해설

01
고객생애가치(고객평생가치, Life Time Value)

02
• 라이프스타일
• 개성
• 관심
• 활동

03
• 내부 요인: 마케팅 목표와 마케팅믹스 전략, 원가, 조직의 특성
• 외부 요인: 수요 상황, 경쟁자의 상황, 법적 · 제도적 요인

04
• 시장 수요의 가격 탄력성이 높을 때
• 시장에 경쟁자 수가 많을 것으로 예상될 때
• 원가우위를 확보하고 있어 경쟁기업이 자사 제품의 가격만큼 낮추기 힘들 때
• 소비자들의 본원적인 수요를 자극하고자 할 때
• 가격 경쟁력이 있을 때

05
다면평가

06
고객이 한 기업의 상품 또는 서비스를 지속적으로 이용하고, 경쟁사의 마케팅 활동에도 이탈하지 않으며, 주변 사람들에게 추천하는 적극적인 태도로, 기업에 대한 고객의 충성도를 의미한다.

07
고객이 구매를 결정하기까지의 심리과정 분석으로 '주목(Attention) → 흥미유발(Interest) → 욕구(Desire) → 행동(Action)'의 반응 순서를 의미한다.

08
집중화 마케팅

09
• 경쟁자의 진입으로 시장 내의 차별적 우위 유지가 힘들게 된 경우
• 기존의 포지션이 진부해져 매력이 상실된 경우
• 판매 침체로 기존 제품의 매출이 감소된 경우
• 소비자의 취향이나 욕구가 변화된 경우
• 시장에서의 위치 등 경쟁 상황의 변화로 전략의 수정이 필요한 경우

10
번거로우시겠지만 직접 방문해 주시겠습니까?

11
• A: 전화를 건 목적 안내
• B: 동의와 확인

12
점수법

13
정성적 평가

14
• 응답자의 다양한 의견을 수렴할 수 있다.
• 패쇄형 질문보다 자료를 모으는 데 효과적이다.
• 고객의 상황에 대한 명확한 이해가 용이하다.

15
합리적인 유형

16
- I-message
- Do-message

17
ANI(Automatic Number Identification)

18
- 감정이 아닌 사실과 연관시켜 의사소통한다.
- 직접적 · 사무적인 매너로 접촉을 시도한다.
- 주장을 뒷받침할 자료를 준비한다.

19
- 고객과의 관계를 관리하는 데에 초점을 맞추는 고객지향적, 고객중심적인 마케팅 전략이다.
- 장기적으로 고객과의 관계를 유지함으로써 지속적인 기업의 이윤을 추구한다.
- 기업과 고객 사이의 신뢰를 쌓고 고객과 평생 동안 거래를 하고자 한다.
- 고객 맞춤형 마케팅 전략을 구사할 수 있다.
- 고객의 요구사항을 자세히 파악할 수 있고 더욱 능동적으로 대처할 수 있다.
- 고객관계관리에 연관된 모든 부분들이 고객관계관리를 수행하는 데 적합하도록 통합되어야 한다.

20
- A: 전문품
- B: 적음
- C: 많음

21
- 경쟁사들이 더 낮은 가격으로 판매할 수 없어야 한다.
- 세분된 시장별 수요의 강도가 달라야 한다.
- 가격 세분화로 인한 수익이 비용보다 커야 한다.

22
데이터마이닝(Data mining)

23
1차 자료

24
- 응답자의 상황에 따라 자연스럽게 대화를 이끌어가면서 거부 반응을 최소한으로 줄일 수 있다.
- 응답자가 질문을 잘 이해하지 못할 때 보조 설명이 가능하다.
- 질문 순서를 조정할 수 있으며 정보의 흐름을 통제할 수 있다.
- 대화한 내용 이외에 응답자의 행동을 관찰할 수 있다.
- 교육 수준에 관계없이 면접이 가능하다.

25
- 도입기
  - 특성: 제품이 처음으로, 시장에 도입되는 기간으로 원가가 높으며 경쟁자가 거의 없다.
  - 마케팅 전략: 상표구축 전략, 소비자의 시용 구매를 유도하기 위한 강력한 판매촉진, 상표인지도 구축 광고 전략
- 쇠퇴기
  - 특성: 대체품의 출현으로 인해 점차 쇠퇴하며 판매량과 이익이 매우 낮다.
  - 마케팅 전략: 투자 감소와 현금 흐름 증가, 단계적 철수와 최소한의 이익을 유지하는 저가격 전략

제 3 회 모의고사

01 목표시장 선정 마케팅 전략 중 기업이 하나의 제품이나 서비스를 가지고 시장 전체에 진출하여 가능한 한 다수의 고객을 유치하려는 전략으로, 시장 세분화가 필요하지 않은 마케팅 전략은 무엇인지 쓰시오.

02 고객에게 계속적으로 걸려오는 전화를 해당 시점에서 전화를 받고 있지 않는 상담원에게 순차적으로 균등하게 자동 분배해 주는 시스템을 뜻하는 용어를 쓰시오.

03 제품의 특징을 분석하여 강점과 약점을 구분하고 제품에 영향을 미치는 외부 환경요인을 분석하여 기회 요소와 위협 요소를 찾는 분석 방식은 무엇인지 쓰시오.

04 다음 설명과 관련 있는 용어를 쓰시오.

> 인바운드 텔레마케팅은 고객으로부터 걸려오는 전화를 수신하여 업무를 처리하므로, 고객의 다양한 질문에 따라 텔레마케터들이 순발력 있게 고객의 니즈를 해결할 수 있도록 예상 질문과 답변을 미리 작성하여 정리해 놓은 문답집을 사용한다.

05 다음은 VOC 처리 프로세스이다. 빈칸 A와 B에 들어갈 말을 쓰시오.

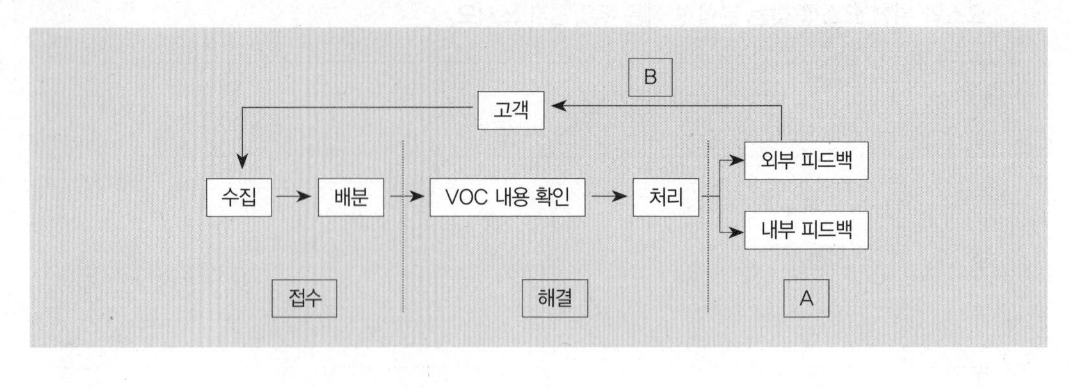

06 다음은 설득을 위한 화법에 대한 설명이다. 어떤 화법에 대한 설명인지 쓰시오.

- 일단 고객의 의견을 긍정하고 난 후, 그와 반대되는 자신의 의견을 제시하는 화법이다.
- 이 화법을 사용하여 고객의 의견에 긍정한 후에 반론을 제기하거나 거절의 뜻을 표현하면 고객이 훨씬 더 이성적으로 이해할 수 있게 된다.

07 폐쇄형 질문의 장점을 세 가지 쓰시오.

08 효과적인 시장 세분화의 요건을 다섯 가지 쓰시오.

09 다음 내용은 소비재의 분류 중 어떤 소비재에 대한 설명인지 쓰시오.

- 소비자에게 완전히 새롭거나 소비자가 잘 알고 있지만 평상시에는 구매 욕구를 느끼지 않기 때문에 특별한 탐색 노력을 하지 않는 제품이다.
- 수요 수준이 낮으므로 대체로 높은 이윤 폭, 낮은 회전율, 높은 가격의 특성을 보인다.
- 공격적인 인적 판매 노력이 효과적이다.

10 다음 요소들은 시장 세분화의 기준 변수 중 어느 변수에 속하는지 쓰시오.

- 나이
- 성별
- 가족 규모
- 소득
- 직업
- 직업
- 학력
- 종교

11 효과적인 경청 기법을 네 가지 쓰시오.

12 기업의 목표를 달성하기 위해 기업이 한 개의 시장 또는 여러 세분시장에 따라 다른 가격을 책정하는 것을 무엇이라 하는지 쓰시오.

13 비표준화 면접의 장단점을 각각 세 가지씩 쓰시오.

14 AIO는 무엇인지 쓰시오.

15 직무평가의 방법 중 조직 내 핵심이 되는 몇 개의 직무를 대상으로 중요하게 여겨지는 가치들에 근거하여 사전에 평가요소를 선정하고, 각 평가요소마다 직무들의 상대적 가치를 비교하여 서열을 정하는 방법은 무엇인지 쓰시오.

16 유통경로의 조직에는 전통적 마케팅 시스템, 수직적 마케팅 시스템, 수평적 마케팅 시스템, 복수 마케팅 시스템이 있다. 다음 내용이 설명하는 것은 무엇인지 쓰시오.

- 생산에서 소비에 이르기까지의 유통과정을 체계적으로 통합하고 조정하여 하나의 통합된 체제를 유지하는 시스템이다.
- 중앙 통제적 조직구조를 가지며 유통경로를 전문적으로 관리하고 규모의 경제를 실행할 수 있으며 경로 구성원 간의 조정을 기할 수 있는 시스템이다.

17 서비스의 기본적인 특징을 네 가지 쓰시오.

18 상층흡수가격 정책과 침투가격 정책이 무엇인지 쓰시오.

19 네티즌 간의 구전 효과를 이용한 판촉 기법으로, 인터넷 이용자들 사이의 확산 효과를 노린 마케팅 기법은 무엇인지 쓰시오.

20 다음은 고객 만족도 측정의 3원칙이다. 빈칸 A~C에 알맞은 내용을 쓰시오.

(A)	조사를 정기적으로 실시하여 얻어낸 결과를 바탕으로 체계적인 개선 활동에 반영할 수 있어야 한다.
(B)	고객의 만족 여부에 대해 객관적이고 타당성이 있는 조사가 이루어져야 정확하게 상황 판단을 할 수 있다.
(C)	고객의 만족 여부를 체크한다는 것은 정성적인 성격이 강할 수 있지만, 정량적인 평가를 통해서 수치화할 수 있어야 객관적으로 판단하고 개선할 수 있다.

21 제품의 가격을 결정할 때 고가 전략이 적합한 경우를 세 가지 쓰시오.

22 고객평생가치에 대해 설명하시오.

23 우유부단한 고객에 대한 대응 전략을 네 가지 기술하시오.

24 다음은 무엇에 대한 설명인지 쓰시오.

- 고객에게 관심을 갖고 고객의 욕구를 파악함으로써, 친밀감을 형성하여 고객이 신뢰감을 느끼도록 하는 기법의 기본이 된다.
- 상품 또는 서비스의 판매에 대해 긍정적이고 호의적인 감정을 형성하여, 판매 체결 및 지속적인 거래관계를 유도하는 연결 고리가 된다.
- 고객의 말을 긍정적으로 받아들이고 성의 있게 관심을 표출했을 때 극대화된다.

25 고객 구매행동 모델로 최근 구매일, 구매 빈도, 구매 금액에 대한 고객의 거래 속성을 분석하고, 마케팅에 활용하는 이것을 무엇이라 하는지 쓰시오.

제3회 정답 및 해설

01
비차별화 마케팅 전략

02
ACD(Automatic Call Distribution, 자동호 분배 시스템)

03
SWOT 분석

04
Q&A

05
- A: 피드백
- B: 해피콜

06
Yes, but 화법

07
- 민감한 주제에 적합하다.
- 시간과 경비를 줄일 수 있다.
- 채점과 코딩이 간편하다.
- 응답이 표준화되어 비교가 가능하다.
- 조사자가 유도하는 방향으로 고객을 리드하는 것이 용이하다.
- 응답항목이 명확하고 신속한 응답이 가능하다.
- 조사자의 편견이 개입되는 것을 방지할 수 있다.

08
- 내부적 동질성과 외부적 이질성
- 측정가능성
- 접근가능성
- 규모의 경제성
- 행동가능성
- 유효정당성

09
비탐색품

10
인구통계적 변수

11
- 고객이 언급한 내용에 대해 재확인 · 재질문 · 명료화한다.
- 비판하거나 평가하지 않는다.
- 편견을 갖지 않고 고객의 입장에서 듣는다.
- 고객과의 공통 관심 영역을 찾는다.
- 고객의 말을 가로막지 말고 끝까지 주의 깊게 듣는다.
- 고객에게 계속적인 반응을 보인다.

12
가격 세분화

13
- 장점
  - 면접 상황에 대한 적응도가 높다.
  - 면접 결과의 타당도가 높다.
  - 새로운 사실이나 아이디어의 발견 가능성이 높다.
- 단점
  - 조사자의 행동에 통일성을 기할 수 없다.
  - 신뢰도가 낮다.
  - 면접 결과의 수치화 측정이 어렵다.

14
AIO는 라이프스타일을 분석하는 방법으로 사람들의 활동(Activity), 관심(Interest), 의견(Opinion)을 기준으로 세분화하는 것을 말한다.

15
요소비교법

16
수직적 마케팅 시스템

17
• 무형성
• 소멸성
• 동시성
• 이질성

18
상층흡수가격 정책은 상품이 시장에 도입되는 초기 단계에 고가로 출시하여 점차 가격을 하락시켜 나가는 방법이고, 침투가격 정책은 신제품을 도입하는 초기에 저가로 시작하여 점차 가격을 높여 나가는 방법이다.

19
바이러스 마케팅

20
• A: 지속성
• B: 정확성
• C: 정량성

21
• 시장 수요의 가격 탄력성이 낮을 때
• 시장에 경쟁자의 수가 적을 것으로 예상될 때
• 규모의 경제 효과를 통한 이득이 미미할 때

22
개별 고객의 최초 거래 시점부터 마지막 거래 예상 시점까지의 거래에 대한 모든 기록의 누계로서, 현재까지 누적된 수익가치뿐만 아니라 미래의 평생가치에 대한 예측분까지 합산한 고객의 총평생가치 개념이다.

23
• 상담경험적 통계로 고객에게 유리한 의견을 제시한다.
• 상대방을 칭찬하면서 주의 깊게 인내심을 가지고 경청한다.
• 소비자 스스로 의사결정을 하도록 돕는다.
• 문제를 분석한 후 선택에 필요한 정보를 제시한다.

24
라포(Rapport)

25
RFM 분석

좋은 책을 만드는 길, 독자님과 함께하겠습니다.

2023 텔레마케팅관리사 2차 실기 기출동형모의고사

개정11판1쇄 발행	2023년 05월 10일 (인쇄 2023년 04월 06일)
초 판 인 쇄	2012년 02월 29일
발 행 인	박영일
책 임 편 집	이해욱
편 저	김완중 · 텔레마케팅자격연구소
편 집 진 행	구설희 · 이영주
표지디자인	박수영
본문디자인	채현주 · 채경신
발 행 처	(주)시대고시기획
출 판 등 록	제10-1521호
주 소	서울시 마포구 큰우물로 75 [도화동 538 성지 B/D] 9F
전 화	1600-3600
팩 스	02-701-8823
홈 페 이 지	www.sdedu.co.kr
I S B N	979-11-383-5012-9 (13320)
정 가	23,000원

한권으로 끝내기

1 · 2차 동시 대비

- 필기와 실기를 아우르는 구성으로 1 · 2차 한 번에 끝내기
- 빨간키 + 핵심이론 + 예상문제
- 동영상 강의 교재

실무

2차 집중 대비

- 핵심이론과 기출문제로 준비하는 2차 대비서
- 용어 정리 + 핵심이론 + 10개년 기출문제
- 동영상 강의 교재

21년 연속 **판매량, 적중률, 선호도**

1위 도서로 준비하세요!

※ 도서의 구성 및 이미지는 변경될 수 있습니다.

21년 연속 텔레마케팅관리사 부문 1위

1차 시험

1 · 2차 동시 대비 기본서

1 · 2차 시험을 한 번에 잡고 싶다면?

1차 필기 & 2차 실기
한권으로 끝내기

1 · 2차 시험에 출제되는 중요한 키워드부터 핵심이론, 예상문제까지 한권에 담았습니다.

동영상 강의 교재

기출문제 정복으로 실력 다지기

최신 기출문제와 상세한 해설로 실전 감각을 키우고 싶다면?

1차 필기
기출문제해설

나왔던 문제가 또 나오는 텔레마케팅관리사 시험! 기출문제가 중요합니다. 알찬 해설로 개념 정리부터 공부 방향까지 한 번에 잡을 수 있습니다.

빈출이론과 빈출문제로 빠르게 합격하기

짧은 기간 동안 효율적으로 학습하고 싶다면?

1차 필기
단기완성

기출문제를 분석하여 선별한 빈출이론과 빈출문제만 수록하였습니다. 최신 내용이 반영된 이론과 모의고사를 통해 합격에 한 발짝 가까이 다가갈 수 있습니다.

텔레마케팅관리사 도서 안내

2차 시험

까다로운 2차 시험, 기출문제로 정복

2차 대비 핵심이론과 기출문제를 한 번에 정리하고 싶다면?

2차 실기
실무

실무 용어부터 핵심이론, 예상문제 및 기출문제까지 한 번에 정리할 수 있습니다.

동영상 강의 교재

완벽하게 실전 마무리

과목별 핵심문제와 모의고사로 2차 대비를 완벽하게 하고 싶다면?

2차 실기
기출동형모의고사

실제 기출문제와 동일한 유형의 핵심문제와 모의고사로 실전에 완벽하게 대비할 수 있습니다.

※ 도서의 구성 및 이미지는 변경될 수 있습니다.